SIBYLLE ALEXANDER

Am Torffeuer erzählt

D1718910

AM TORFFEUER ERZÄHLT

Neue und alte irische Geschichten

nacherzählt von
SIBYLLE ALEXANDER

mit Zeichnungen irischer Flechtbänder
von
GERTRUD PFEIFFER

J. Ch. Mellinger Verlag, Stuttgart

Der Einband wurde unter Verwendung
einer irischen Flechtband-Zeichnung
von Gertrud Pfeiffer gestaltet.

ISBN 3-88069-316-1
© 1994 J. Ch. Mellinger Verlag GmbH, Stuttgart

Meinem Vater
Johannes Kaufmann,
genannt Hannes,
der uns Kinder in die Welt
der Märchen führte,
dem Priester Adam Bittleston,
dessen Weisheit der Gemeinde
in Edinburgh einen Zugang zum
keltischen Christentum schuf,
und meinen Enkeln,
deren Hunger nach Geschichten
die Freude am Erzählen
wachhielt.

Inhaltsverzeichnis

Einleitung

Die grüne Insel im Westen hat seit Urzeiten auf den Reisenden einen Zauber ausgeübt, und es heißt, Irland sei ein Stück des Paradieses, keine Schlange habe dort eindringen können, und die Mysterien des atlantischen Sonnenorakels seien vor dem Untergang in den Fluten gerettet und in verborgenen Schulen hinter der Weißdornhecke durch Generationen hindurch bewahrt worden. Manche dieser Geheimnisse sind in imaginativer Form in Versen und Geschichten überliefert, und der Barde oder Shenachai wurde hoch geehrt. Seine Ausbildung dauerte viele Jahre. Die Kunst des Rezitierens verlieh ihm eine Ehrenstellung am Königshof und in jeder Versammlung.

In der gälischen Sprache wird Jesus ein Shenachai genannt, und die gälische Bibel wird als Quelle der eigenen Geschichte betrachtet. Man dachte in großen Zeiträumen. Die Sintflut war wie ein erinnertes Drama mit jedem Schicksal verbunden, das Wissen um Wiederverkörperung eine erlebte und tief empfundene Wahrheit. Beim Erzählen von Helden- und Wundertaten fühlte der Hörer sich unmittelbar und ganz persönlich betroffen. »Ich war dabei!« war sein Gefühl. Das ist in einem sehr alten Gedicht ausgedrückt, das Amergin bei seinem Besuch in Irland gesprochen haben soll:

Ich bin der Wind, der über das Meer bläst,
ich bin die Welle des Ozeans,
ich bin das Murmeln des Wassers,
ich bin der Ochse der sieben Wettkämpfe,
ich bin der Geier auf dem Felsen.

Ich bin der Strahl der Sonne,
ich bin die schönste der Pflanzen (Urpflanze),
ich bin das Wildschwein in der Hitze der Schlacht.

Ich bin der Lachs im Wasser,
ich bin der See im Flachland,
ich bin die Kunst des Handwerkers,
ich bin das Wort der Wissenschaft,
ich bin die Spitze des Speeres.

Ich bin der Gott, der im Haupte des Menschen das Feuer des Gedankens schafft. Wer erleuchtet die Versammlung auf dem Berg wenn nicht ich? Wer bestimmt die Gezeiten des Mondes wenn nicht ich? Wer zeigt den Ort, wo die Sonne zur Ruhe geht, wenn nicht ich?

Hier wird deutlich, daß der Ire sein eigenes Ich in einem höheren Welten-Ich erlebt, was auch in einem Vers des Talisien ausgedrückt wird. Der Dichter Talisien, auch Taliesin geschrieben, lebte im 6. Jh. in Wales und starb etwa 552 an der Pest. In seinen Werken wird sein Name auch für das höhere Ich gesetzt, Elphin für den Menschen und Maelgwyn für das niedere Ich. Sein berühmtestes Lied enthält Hinweise auf Cerdiwen, die der Demeter gleichgesetzt werden kann, und auf Merrydin oder Merlin, den Eingeweihten.

Als freier Barde des Häuptlings
singe ich dem Elphin.
Meine ureigene Heimat
ist das Land der Cherubim.

Johannes, der Bote Gottes,
rief mich den Merrydin,
doch endlich wird jeder König
mich rufen Talisien.

ICH war fast neun Monate
im Bauche der Ceridwen,
zuerst war ich der kleine Girson,
doch endlich bin ich Talisien.

ICH war mit dem Herrgott
in der allerhöchsten Sphäre,
als Luzifer stürzte nieder
in die Tiefe der Hölle.

ICH trug das Banner
vor Alexander dem Großen,
Ich kenne die Namen der Sterne
vom hohen Norden bis zum Süden.

ICH rettete den Moses
durch die Wasser des Jordan,
ICH war bei meinem König
in dem Stall bei dem Esel.

ICH war der Harfenspieler
für Deon von Llychlyn, –
ICH erlitt Hunger
mit der Jungfrau und ihrem Sohn.

ICH wurde eingeweiht
in die Geheimnisse des Universums,
und bis zum Tage des Jüngsten Gerichtes
werde ICH auf Erden sein.

Mit diesen Versen wird etwas von den weiten Dimensionen
der frühen keltischen Mythologie spürbar, dem alle spätere
Dichtung ihren Atem verdankt. Es ist paradox, daß diese
große Geistigkeit mit einer oft kindlich anmutenden Naivität
verbunden ist. Rudolf Steiner gibt einen Schlüssel zum
Verständnis in einem Vortrag vom 26. September 1909, wo er
sagt: »Nur das, was an dem heutigen Menschen kindlich ist,
hat noch einen letzten Rest jener Wesenheit, die der Mensch
gehabt hat, bevor er dem Einfluß der luziferischen Wesenheit
unterlegen ist. Daher haben wir den Menschen jetzt so vor
uns, daß wir einen kindlichen ›Teil‹ und einen erwachsenen
›Teil‹ haben. Die luziferischen Kräfte durchdringen auch
schon das Kind, so daß im gewöhnlichen Leben nicht das
zum Vorschein kommen kann, was schon früher, vor dem
luziferischen Einfluß in den Menschen hineinversenkt worden ist.«
Das kann vielleicht erklären, warum der Ire in seinem Wesen
tiefe Weisheit mit kindlicher Naivität vereint und auch im
hohen Alter die Freude an Mär und Rätseln nicht verliert.
Vom Beltainfest bis Samhain war die Zeit der Lieder, von
Samhain im Spätherbst bis zum Frühjahr die des Erzählens,
und ein echter Shenachai wußte für jeden Abend des Winters
eine andere Geschichte. Von C. Maclean heißt es, daß eine
Geschichte sieben Stunden dauerte, während ein Bettler

sieben Abende zum Erzählen brauchte und sich damit Unterkunft und Essen verdiente. »Wer mit Andacht eine Geschichte erzählt, wird von Sünden befreit«, heißt es in Galway. Kein Teufel kann ein Haus betreten, wo die Fenian Sage rezitiert wird, und bestimmte Erzählungen durften nur im Winter am Feuer geboten werden. In alter Zeit trug der Shenachai einen Mantel aus Vogelfedern. Er wurde als Eingeweihter verehrt, und vor dem Gesetz stand er so hoch wie ein König. Im »Book of Leinster« heißt es, wer die berühmte Sage TAIN BO CUAILNGE fehlerlos rezitiert, gewinnt hohen Segen. Vom heiligen Patrick wird das Gebot erinnert, daß niemand einschlafen darf, während die Geschichte der zwei Mütter erzählt wird. Er versprach den Zuhörern gesunde Kinder und Pflegekinder, Erfolg bei der Jagd und sichere Seefahrt. Wer die Mär von der edlen Ethne erzählt, wird eine stattliche Frau heiraten und in seinem Haus wird weder Streit noch Torheit herrschen. »If you tell this story to the captives of Ireland, it will be the same as if were opened their locks and bands«, das heißt: Wenn du diese Geschichte (von Ethne) erzählst zu den Gefangenen Irlands, so ist es als ob ihre Schlösser und Bande gelöst seien.

Die frühen Christen sahen keinen Widerspruch zwischen heidnischer Mythologie und der Bibel. Sie sorgten dafür, daß alte Heldensagen in den Klöstern aufgeschrieben wurden; doch die Wikinger verbrannten leider viele dieser Sammlungen. Deshalb sind die mündlichen Überlieferungen von so großer Bedeutung. Gelegentlich kann man kostbare Juwelen in der Unterhaltung am Torffeuer finden, die bis zur Zeit der Druiden zurückreichen, in der das Lernen in der Form von Fragen und Antworten in Tiraden geübt wurde:

Was ist süßer als Met? Ein intimes Gespräch.
Was ist schwärzer als Raben? Der Tod.
Was ist weißer als Schnee? Die Wahrheit.
Was ist heller als ein Funke?
Der Witz einer Frau zwischen zwei Männern.
Was ist schneller als der Wind? Der Gedanke.
Was ist schärfer als das Schwert? Der Verstand.

Sehr merkwürdig mutet es uns an, wenn einem jungen Mann verboten wird, in Gegenwart seines Vaters oder älteren Bruders eine Geschichte zu erzählen. Ihm gebührt es, still zuzuhören und zu antworten, wenn er gefragt wird, zum Beispiel »Aus wieviel Teilen wurde Adam geschaffen?« – »Aus acht Teilen.«

»Welches sind die acht Teile?« – »Sein Fleisch aus Erde, sein Blut aus dem Meer, sein Gesicht aus der Sonne, sein Denken aus Wolken, sein Atem aus Wind, seine Knochen aus Stein, seine Seele aus dem Heiligen Geist, seine Frömmigkeit aus dem Licht der Welt.«

Diese Haltung änderte sich mit dem Kommen der katholischen Kirche. Viel der Heiterkeit und Lebensfreude wurde unterdrückt, und in einem bitteren Vers spricht ein Dichter über diesen Jammer:

»Ehe die Gesetze des Papstes Verdruß brachten,
Jeder liebte freimütig
Ohne Schaden oder Tadel der Geliebten.
Freiherzige Freude soll ohne Zensur sein,
Schön hat der Mai das Haus aus Blättern gefügt –
Da werden zwei im Stelldichein sein,
Ich und mein Schatz, im grünen Versteck.

Um irische Werke recht zu verstehen, müßte man den Klang der gälischen Sprache im Ohr haben, einer Sprache, die sieben Worte für Liebe, aber kein Wort für Nein hat und keines für Besitz. Man umschreibt Eigentum indem man sagt: dieses Haus ist an mir, oder gar: das Mann-sein oder Frau-sein ist an mir; denn tief verborgen lebt die Gewißheit, es sei nur kurzfristig so. Im nächsten Leben wechselt es. Auch direkter Tadel zum Beispiel Du bist ein Dieb, wird umschrieben: das Diebsein ist an dir, womit die Schärfe gemildert wird. Man kann ermessen, welcher Schock die Sprechweise der Engländer für diese Kelten war. Der Haß in Nordirland hängt vielleicht weniger mit der Religion als mit der als verletzend empfundenen Ausdrucksweise zusammen.

Man spricht in Irland auch nicht direkt von Elementarwesen, man nennt sie das »Kleine Volk« oder »The Good People«.

Man hat Angst sie zu beleidigen oder ihre Gunst zu verscherzen. Die Herkunft dieser Wesen wird bis zum Sturze Luzifers zurückverfolgt; denn als dieser Engel aus dem Himmel ausgeschlossen wurde, flohen viele Wesen mit ihm, und sie verkörpern unzählige Kreaturen, von denen manche den guten Engeln verwandt sind und andere nahe den Teufeln der Hölle, die eine böse Macht ausüben. Zum Schutz diente ein eiserner Gegenstand. Schon ein Nagel kann vor bösen Wesen schützen. Feen können kein Eisen verarbeiten, und deshalb nehmen sie gerne Töpfe von den Menschen und lassen als Dank Speise darin, wie eine der Geschichten es beschreibt. Leprachauns vergraben ihren »crock of gold« am Fuß des Regenbogens. Man muß ihr Käppchen stibitzen, um dorthin geführt zu werden. Wendet man aber nur eine Sekunde die Augen vom Leprachaun ab, so hat man ihn schon verloren.

»Wie mit tausend Stichen heften die Elementarwesen die sichtbare Welt an die unsichtbare«, heißt es. Viele junge Menschen tragen heute eine Sehnsucht in sich, ihnen zu begegnen. Sie besuchen Irland oder Schottland und halten sich fern von Touristen auf. Gelingt es ihnen, am Herd einer Familie den Liedern und Geschichten zu lauschen, fühlen sie sich belohnt. Aber kaum jemand von uns Deutschen glaubt ernsthaft an die Gegenwart von Zwergen und Elfen. Man redet nur über sie und ignoriert sie. Eine Deutsche, die jedes Jahr nach Irland fuhr und dort ein Häuschen hatte, lud ihre Freunde zum Johannisfest ein. Gemeinsam wurde ein Freudenfeuer angezündet. Nun hatte sie eine zerbeulte eiserne Pforte, die ein Schmied zu reparieren versprach. Er warf sie am Abend in die letzte Glut des Feuers, um sie biegsam zu machen. Für das Fest hatte sie eine große Pfanne Hühnerfrikassee gekocht, die auf dem Herd stand. Plötzlich hörte sie ein Krachen in der Küche. Sie eilte hin und fand die Pfanne auf dem Boden und ihren Salztopf umgekehrt im Frikassee! Ihre irischen Gäste erklärten, die Unsichtbaren hätten die Entheiligung des Johannifeuers mit dem Eisen als Beleidigung empfunden und sich gerächt. Skeptisch hörte die Dame zu, konnte aber nicht anders als zugeben, daß kein Zufall aus der Reihe der Kräutertöpfe gerade das Salz hätte verrücken können, ohne die anderen auch umzuwerfen. Die Pfanne *stand* auf dem Boden, sie war nicht umgefallen, die Speise war nur versalzen. Viel flüssige Beruhigungsmittel wurden in jener Nacht verabreicht, um den Schock zu lindern und: the lesson was learnt! Das Gatter wurde in der Schmiede richtig behandelt, und man bat die Kobolde um Verzeihung.

Fast alle Gebete, die in den Geschichten erwähnt sind, stammen aus der Carmina Gadelica, einer Sammlung, die 1900 von Alexander Carmichael veröffentlicht und von seinem Enkel, Professor James Carmichael Watson 1940/41 um zwei Bände erweitert wurde. Wir verdanken die Überlieferung dieser kostbaren Gebete und Segenssprüche einem Mann, der die gälische Sprache bis in ihre intimsten Geheimnisse verstand und der mit Takt und Einfühlungsvermögen die echten und ursprünglichen Verse unter den Bewohnern der äußeren Hebriden sammelte. Seine Sprachkraft ist unvergleichlich. Er vermochte nicht nur den Inhalt, sondern auch die Schönheit wiederzugeben, die darin verborgen liegt. Manche Gebete klingen wie Mantren und manche wie Zaubersprüche. Sie wurden täglich angewandt, und vom frühen Morgen bis zum Schlafengehen war das Leben von Gebeten begleitet.

Ihr Inhalt betrifft das Leben auf der Croft, dem Kleinhof und auf der See: Saat und Ernte, Viehzucht und Fischfang, Sturm und Not, aber auch Feste, Hochzeiten, Taufen und Totenklage. Die Gebete spiegeln die Kontinuität der Kultur eines abgelegenen Inselreiches, welches Lewis, Harris, Barras umschließt und reich ist an Menhiren und Steinkreisen, die wohl 3000 Jahre vor Christi errichtet wurden und eine Kultur darstellen, in der noch heute die Frage: Gehst du zur Kirche? buchstäblich mit: Gehst du zu den Steinen? ausgedrückt wird. Viele Gebräuche aus der Zeit der Druiden wurden in das keltische Christentum übernommen. Man fühlte sich der geistigen Welt sehr nahe. Das Leben war keine Idylle, es war hart, der Winter lang und dunkel, die Übergriffe der Wikinger ständige Gefahr, und nur die gegenseitige Hilfe der

Nachbarn gab die Möglichkeit des Überlebens. Was beim Lesen der Verse zu uns spricht ist das Gefühl der Immanenz: Gott wird allgegenwärtig erlebt. Es ist nicht die Immanenz des Pantheismus, der alles als Gott sieht. Der Kelte sah Gott in allem, in mir und dir, in Kuh und Pferd, in Blüte und Korn.

Diese hohe geistige Tradition in extremer Isolierung überstand katholische und protestantische Einflüsse; doch was weder Wikinger noch Calvinisten vermochten, droht heute vom Fernsehen erreicht zu werden. Die alten Steinhäuser, genannt Black Hus, wurden von Bungalows ersetzt. Niemand kultiviert mehr die „lazy beds", die schmalen Felder der Crofter, und das Brot wird von Glasgow geschickt. Junge Leute aber haben ein ganzes Dorf auf Lewis wieder aufgebaut, um Jugendherbergen daraus zu machen. Im ersten Jahr kamen über 4000 Besucher zum Übernachten. Das ist die Quelle einer Wiederbelebung der Geschichten, und die alten Lieder werden wieder gesungen.

Zum Schluß möchte ich einen Vers im originalen Text aufschreiben, um den Klang hörbar zu machen:

Is fuar fuar a nochd leaba,
Is fuar fuar a nochd mo leanabh,
Is buan buan a nochd do chadal,
Mis am anart 's tus am achlais.

Kalt kalt ist heut Nacht mein Bett,
kalt kalt ist heut Nacht mein Kind.
Ewig ewig ist heut Nacht dein Schlaf,
ich in meinem Leichentuch,
du in meinem Arm.

Der Vers schildert den nächtlichen Überfall eines Dorfes, bei dem alle Einwohner getötet wurden und nur eine Mutter mit ihrem sterbenden Kind in den Bergen Zuflucht fand. Zum Einstimmen in diese Sammlung irischer Geschichten soll ein echt irisches Rätsel dienen, das die Demut des Menschen vor der Größe Gottes zeigt:

Was ist höher als das Höchste,
was ist tiefer als das Tiefste,
was ist besser als Gott und
schlimmer als der Teufel?
Man kann es nicht essen,
doch wer es ißt muß sterben.

Antwort: Das NICHTS

Sibylle Alexander
Johanni 1993

Das Hochsommerkind

Weit im Westen Europas, am weißen Strand Irlands, stand
das Haus des Fischers Patrick O'Hara allein in einer sanften Bucht, umgeben von Hecke und Garten. Eine Ziege
weidete das Gras, Bienen suchten auf der Heide nach
Nektar und wilde Rosen blühten im Schutze alter Apfel-
bäume.

In der Kate glühte ein Torffeuer, auf dem der Kessel sang.
Eine junge Frau lag in den Wehen und die Hebamme
flüsterte: »Die Flut ist im Steigen, es ist Zeit für dein Kind.
Bald steht die Sonne auf ihrem höchsten Punkt, denn Uriel
regiert den Himmel.« Patrick hielt die schmalen Schultern
fest, während der Leib gepreßt wurde. Staunend sah er, wie
sein Kind den Schoß verließ und die kleine Burst sich mit
Atem füllte, um den ersten Ruf in die Welt zu schicken. Wie
ein Jubel klang es im Ohr der Mutter. »Ein Bub! Ich wußte
es! Johannes muß er heißen.« Zärtlich tastete Fiona nach dem
Köpfchen, staunte über das weiche Haar, die winzigen
Ohren, das köstliche Näschen und die wohlgebildeten Finger.
Rasch steckte sie ihre Hand in einen Honigtopf und ließ das
Kind saugen daran.

Vom Fenster ertönte ein Summen, und auf einem Sonnen-
strahl glitt die Wächterin der Bienenkönigin in die Stube,
umkreise das Bett und flog wieder hinaus, um dem Bienen-
volk mitzuteilen, der Erbe sei geboren. Der Vater maß die
Länge des Schattens auf der Diele, schritt in den Garten, lugte
zum Gipfel des Ben Mor und nickte bestätigend. Ja, es war
die Stunde des Erzengels Uriel, der Wahrhaftigkeit bringt
und Hellsichtigkeit. Lerchen trillerten hoch im Sommer-
himmel, die Ziege bohrte ihre Hörner in seinen Rücken, und
Patrick lachte befreiend. »Geißenmutter, hör zu, wir haben
einen Sohn, unser Herzenskind ist da!«

Dreimal ging der Ire um sein Haus und murmelte alte
gälische Runen, Segen erflehend für Mutter und Kind. Dann
eilte er zum Strand, wo sein Freund Angus viele Stunden im
Boot gewartet hatte, um als erster die Botschaft zu hören.
»Unser Johnnie ist da, blond und zart wie Fiona. Willst du

sein Pate sein? Wir kommen zur Kirche, wenn er stark genug für die Bootsfahrt ist.«

»Das ist mir eine Ehre, und ich richt' es dem Pfarrer aus. Aber wir wollen schon heute den Segen sprechen.« Angus klopfte seine Pfeife aus und ging mit Patrick zur Kate, wo sie Fiona schlafend fanden, das Kind im Schal neben sich. Er grüßte die Amme, und dann standen sie zu dritt um das Bett und intonierten:

»Ein Tröpflein vom Vater auf deine Stirn,
ein Tröpflein vom Sohn auf deine Stirn,
ein Tröpflein vom Heiligen Geist auf deine Stirn,
geliebtes Kind.

Eine Welle für deine Form,
eine Welle für deine Stimme,
eine Welle für wahrhaftige Rede,

eine Welle für dein Glück,
eine Welle für dein gutes Herz,
eine Welle für deine Gesundheit,

eine Welle für deine Barmherzigkeit,
eine Welle für deinen Mut,
eine Welle für deinen Zauber.

Frischer Wind in deinen Segeln,
süßer Honig in deinem Munde,
Meersalz in deinem Mark.

Der Dreifaltigkeit Segen aus der Höhe,
Tugend im Umgang mit Menschen,
Ehrfurcht vor der stummen Kreatur.«

Das Zeichen des Kreuzes über Mutter und Kind besiegelte den gälisch gesprochenen Segen, und Angus kehrte zu seinem Boot zurück und war bald hinter den Klippen verschwunden. Johannes wuchs heran, er blieb das einzige Kind, aber Einsamkeit kannte er nicht, auch wenn Patrick oft auf See war. Er hatte Freunde unter den Seehunden und Delphinen, die Heide war bevölkert mit dem Kleinen Volk, den Elfen und Wichteln, von denen ein Brownie im Torfhaufen lebte und täglich seine Milch bekam. Solange er zum Haushalt gehörte, blieb Krankheit fern. Mit einem Leprachaun trieb Johnnie gerne seinen Spaß und versuchte, ihm die Mütze fortzunehmen; denn jeder weiß, daß ein Leprachaun sein Gold in einem Tonkrug am Fuße des Regenbogens vergraben hält. Wenn man sein Käppchen besitzt, muß er einen dorthin führen. Wie gerne hätte er das Gold des mürrischen Leprachaun gefunden! Dann wäre sein Vater reich und könnte immer zu Hause sein . . .

Fiona konnte das Kleine Volk nicht sehen, aber sie glaubte fest an Johnnies Wahrhaftigkeit, wenn er davon erzählte. Andere Menschen verirrten sich selten an diese Bucht.

Weder Pfarrer noch Schulmeister ahnten, was die hellgrauen Augen dieses Kindes wahrnahmen, wenn es an hohen Festtagen in der Kirche saß. Zur Schule ging es nicht, die Mutter übte Buchstaben und Zahlen mit ihm.

Die Gabe des Hellsehens brachte auch Schreckbilder. War ein Schiff an den Klippen zerschellt, sah Johnnie vor den inneren Augen die Ertrunkenen, und er wußte nicht, wie er es ertragen solle. Die alte Amme kam, ihn zu trösten und mit ihm zu beten. »Tot sind die Seeleute, tot und ohne Grab. Da kommen sie zu dir und flehen dich an, die Hände zu falten, weil's sonst niemand tut. Kein Priester segnet sie aus, keine Kerze brennt für sie, deshalb suchen sie deine Fürbitte, und du darfst ihnen helfen.« Sie lehrte Johannes manchen gälischen Spruch, wodurch er seine Angst verlor. Nach einem tragischen Schiffbruch brachte sie ihm ein Kreuz, aus der Eberesche geschnitzt, und betete zu Sankt Michael, dem Erzengel, und zu Brendan, dem Heiligen der Seefahrer. »Jetzt dürfen die Matrosen in Frieden auf die Wiedergeburt warten«. Beten ist ein heiliges Tun und bringt auch Segen für dich. Wir alle müssen ja sterben, und du wirst dann im Lande der Wahrheit viele Freunde haben. Ach Johnnie, der Tod ist ein gnädiger Herr, sanft wiegt er alle, die im Wasser sterben, und Christus trägt deine Gebete zum Thron Gottes und dem Chor der Engel. Unter allen Sprachen klingt dem Christus das Gälische am sanftesten ins Ohr, weil Brigid in der ersten Nacht seines Lebens auf Erden ihm unser Lied von den Elementen vorsang. Höre gut zu:

O Gott der Elemente,   deine Freude ist *DIE* Freude,
o Gott der Mysterien,   dein Licht ist *DAS* Licht,
o Gott der Sterne,   deine Liebe ist *DIE* Liebe,
o König aller Könige,   dein Friede ist *DER* Friede.

Du gießest aus deine Gnade Du Sohn der Maria,
auf die, die in Not sind,   du Sohn des Todes,
auf die in den Meerengen, du Sohn der Gnade,
zwischen Klippe und Fels.   mit der Ebbe, mit der Flut,

mit der Ebbe, mit der Flut.
Der du warst, der du bist
und der du sein wirst ewiglich.

Mit neun Jahren war Johannes ein hellwaches Kind und doch voller Träume, an allem in der Welt interessiert und doch am glücklichsten am Abend, wenn er am Torffeuer saß und seine Mutter ihm die Märchen Irlands erzählte, während sie das Spinnrad drehte. Kam Patrick heim, so wurde gefeiert, gesungen und viel gelacht. Es gab gebratenen Fisch und Holunderbeerwein. Immer trug der Vater Geschenke in der Tasche, einen hübschen Kamm oder Spielzeug, Seidentücher oder Bücher zum Lesen. Liebe wohnte in der Kate. Das Glück aber nahm ein plötzliches Ende.

Im September brach ein Orkan über dem atlantischen Ozean aus, und Patrick war auf hoher See. Fiona kletterte auf den Ben Mor, Johannes hinter ihr her und verzweifelt spähten sie über das graue Meer, aber nur endlose Wellengebirge waren zu sehen. Da riß die Wolkendecke auf und gegen den schiefergrauen Hintergrund sah Johannes die riesigen Flügel von Sankt Michael, der ein Licht in den Händen trug, das Zeichen sicheren Todes. »Heiliger Michael, schütze meinen Vater!« rief er in den Wind, ehe eine Bö ihn zu Boden warf. Keuchend kämpfte er um Atem und als er wieder nach Westen schauen konnte, verblaßten schon die hellen Schwingen des Engels und die Todesflamme. Der rasende Sturm packte auch die Mutter und preßte sie hart gegen den Fels. Stolpernd erreichte sie Johannes, mühsam gelang ihnen der Abstieg. Das gleißende Licht verlosch über dem Meer und ein Sturzregen prasselte herunter. Es war dunkel, ehe sie das Haus erreichten. Kein warmes Feuer erwartete die beiden. Der Wind drückte qualmenden Rauch in die Stube und vergeblich mühten sie sich, die Glut unter der Asche anzufachen. Es war kaum möglich, in dem Qualm zu atmen und schließlich krochen sie ohne Abendbrot ins Bett. Im Schlaf erschien dem Jungen das Bild des Vaters und er vernahm die rauhe Stimme: »Leb wohl, Johnnie, leb wohl und vergib mir, wenn ich die Mutter zu mir rufe. Wir brauchen einander auch im Tode.«

Drei Tage dauerte der Sturm. Fiona lag mit Fieber im Bett und nur mit Hilfe des Wichtels gelang es, den Herd anzuzünden und die Geiß zu melken. Johannes wagte es nicht, der Mutter die Botschaft des Patrick O'Hara zu sagen; aber in ihrem Delirium sprach sie mit ihm und als sich endlich der Wind legte, floh die Seele Fionas ins Land der Wahrheit. Johannes war allein.

Angus fand das trostlose Kind verstört neben der toten Mutter. Ziegenmilch war seine einzige Nahrung gewesen und hätte der Pate nicht Geduld aufgebracht, den Gang der Dinge aus Johannes herauszulocken, wäre diese Geschichte nie geschrieben worden. Unter den Papieren fand sich die Adresse eines Onkels in Ulster. Ehe der Junge seine Sachen gepackt hatte, war die alte Amme gekommen, die Hüterin seiner Kindheit. Sie sprach die Verse, die sonst eine Mutter ihrem scheidenden Kind mitgibt:

Dunkel ist jene Stadt,
dunkel sind die, die dort wohnen.
Du bist der braune Schwan,
der unter ihnen wandelt.
Ihre Herzen sind unter deiner Macht,
ihre Zungen sind unter der Sohle deines Fußes,
nie werden sie ein Wort sprechen,
das dich verletzen kann.

Aber Johannes verstand die Worte nicht. Er verstand überhaupt garnichts mehr und wie ein schutzloser Fremdling trat er in die Familie des James Mackai ein, des Bruders seiner

Mutter. Der hatte vier Kinder: Collin war sechzehn, seine drei Schwestern aber jünger als Johannes, und alle wurden vom Vater auf strengste Art erzogen. Die Mutter war eine schweigsame Frau. Sie übernahm die Pflege des Neffen aus Pflicht, nicht aus Liebe. James Makai hatte in Belfast ein hohes Amt inne und galt als rechtschaffen; aber auch unter den Protestanten zählte er wenige Freunde.

Johannes mußte zur Schule, wo er stumm zwischen fremden Kindern saß, bis er mühsam die fremdartige Aussprache des Englischen lernte. Oft litt er unter dem Spott der Buben, die alles Gälische verachteten und die Katholiken haßten. Nur nachts fand er Frieden, denn in seinen Träumen sah er die geliebten Eltern.

Im Sommer fuhr die Familie Mackai ans Meer und Johannes lebte auf. Er spielte mit den kleinen Mädchen, sammelte Muscheln, baute Sandburgen und freute sich über den weiten Himmel und die hohen Dünen. Mit Collin begann eine gute Freundschaft. Der Ältere schätzte die Gespräche mit dem Vetter. Auch Frau Mackai lernte dem Pflegesohn gegenüber dankbar zu sein, weil er die Töchter unterhielt. Nur James blieb streng, hatte er doch seiner Schwester Fiona nie die Heirat mit einem Papisten verziehen.

An einem besonders schönen, heißen Tag tollte Johnnie mit den Kindern am Strand und zum erstenmal seit dem Verlust der Heimat hatte er ein leichtes Herz und fühlte sich glücklich unter den Schwestern, lachte unbeschwert mit ihnen und als sie sich müde gespielt hatten, versprach er ihnen eine Geschichte. Bilder stiegen in seiner Seele auf, mit ihnen Erinnerungen an den Hauswichtel und die Elfen, den mürrischen Leprachaun und die Freundschaft mit den Seehunden. Die Mädchen hingen an seinen Lippen. Sie fühlten sich wie verzaubert. Bei Tisch konnten sie von nichts anderem sprechen.

»Das ist hübsch erfunden von dir«, meinte die Mutter. Unschuldig erklärte Johannes, er habe es nicht erfunden, es sei wahr. Da grollte James Mackai: »Hüte deine Zunge! In meinem Hause werden keine Lügen erzählt, und wenn du nicht sofort widerrufst, kriegst du Prügel.« Entsetzt schaute das Kind den Onkel an, nie in seinem Leben war er geschlagen worden. Die Mädchen flehten um Nachsicht. Auch die Mutter mischte sich ein, sah sie doch den Schrecken in den Augen des Jungen, doch ihre Worte steigerten nur den Zorn des Puritaners, der seine Autorität bedroht sah.

Als kein Widerruf kam, legte er Johannes quer über einen Stuhl und hieb mit seinem Stock auf ihn ein. Da sprang Collin auf, stellte sich vor den Vater und rief: »Schlag mich, aber doch nicht dieses Kind, das überhaupt nicht weiß, was Lüge ist!« »Dann ist es höchste Zeit, der Papist lernt die Wahrheit kennen«, war die Antwort und damit hieb er seinem Sohn auf die schützend ausgebreiteten Hände.

Fassungslos starrten die drei Töchter ihren Vater an und brachen in lautes Schluchzen aus. James Mackai legte den Stock weg und sagte kalt: »Johannes, wenn du deine Lügen nicht widerrufst bevor die Sonne untergeht, prügle ich dich jeden Tag, bist du die Wahrheit sprichst. Die Wesen, von denen du sprichst, gibt es nicht. Ich dulde nicht, daß du die Unschuld meiner Kinder mißbrauchst.«

Völlig verstört schwieg Johannes und ließ sich abends schlagen. So ging es drei Tage. Er nahm kaum Speise zu sich, die Mädchen schlichen verängstigt umher und nur Collin versuchte, mit dem Vetter zu sprechen, konnte aber nichts aus ihm herausbekommen. Doch schließlich nahm er ihn sanft bei den Schultern und sagte eindringlich: »Du mußt einlenken, Johnnie, so kannst du nicht weiterleben. Ich kenne meinen Vater. Du ahnst ja nicht, wie weh es ihm tut. Er sieht es als Pflicht an, deinen Trotz zu brechen, damit du nicht in die Hölle kommst. Besser Prügel auf Erden statt ewiger Qual, sagt Calvin. Bitte, du mußt ihm helfen.« Der Junge starrte ihn an. Hatte er bisher die Strafen tränenlos über sich ergehen lassen, so brach er jetzt in lautes Schluchzen aus. Sein Körper bebte und erst nach langer Zeit vermochte Collin ihn zu beruhigen.

Er wusch die Tränenspuren ab, nahm Johannes fest in seine Arme und wartete, bis er wieder sprechen konnte. »Du hast Recht, ich muß widerrufen. Aber weißt du, was das bedeutet?« Collin brachte ihn bis vor die Tür des Zimmers, wo

James Mackai grübelnd vor seiner Bibel saß. Nur zwei Worte waren nötig, aber niemand ahnte, wieviel diese erste bewußte Lüge kostete.

Es folgten ruhige Ferientage, bis zwei dramatische Ereignisse die Familie aufs neue erschütterten. Nicht weit vom Sommerhaus lag eine Steilbucht, wo Johannes gerne allein saß und träumte. Ein kurzes Gewitter hatte heftigen Sturm und Regen gebracht, jetzt lag das Wasser wieder ruhig und Johannes beobachtete, wie der Seetang sich rhythmisch hob und senkte. Plötzlich schaute er dazwischen einen toten Matrosen mit rotem Haar und blicklosen Augen. Wie ein Stück Treibholz schaukelte er in den Wellen.

Johannes sprang auf und rannte hinunter zum Strand, wo Collin fischte. Ihm erzählte er genau was er gesehen hatte. Der machte sich sofort bereit mitzukommen, und aus Neugierde wollten die Mädchen auch dabei sein. Keuchend kam der Trupp auf der Höhe an. Johannes beschrieb in allen Einzelheiten, was er im Wasser sah. »Hältst du uns zum besten?« fragte Collin, bemerkte dann aber den Gesichtsausdruck des Jüngeren. Ihm wurde klar, daß es sich um keinen Scherz handelte. Kritisch betrachtete er den Vetter, schüttelte den Kopf und sagte: »Du kannst offenbar Dinge sehen, die für uns nicht da sind. Du glaubst daran, aber die Realität ist anders. Schweig still, wenn dir dein Leben lieb ist.«

Die drei Mädchen drängten sich an das Steilufer und suchten vergeblich nach der versprochenen Sensation.

»Es war nur Seetang«, erklärte Collin. »Vorsicht, ihr dürft nicht so dicht ans Wasser. Versprecht mir, kein Wort zu sagen!« Johannes schaute von einem der Geschwister zum anderen. Konnte wirklich keiner sehen, was ihm klar vor Augen war? Jetzt hörten sie alle den schweren Schritt des Vaters, das Tapp, Tapp seines Stockes. Tödliche Blässe bedeckte des Jungen schmales Antlitz. Collin legte ihm den Arm um die Schultern, griff nach der Hand eines der Mädchen und rief: »Der Matrose ist schon verschwunden, wohl weggespült worden. Wir wollen jetzt um die Wette laufen. Wer zuerst bei Mutters Strandkorb ist, hat gewonnen!« Die Schar flog über das Dünengras, James Mackai starrte ihnen kopfschüttelnd nach. Sein Neffe blieb ihm ein Rätsel.

In der Abendzeitung stand ein Bericht, ein Matrose sei bei dem Sturm über Bord gerissen worden, aber die Leiche des »Roten Freddie« sei nirgends zu finden. Collin nickte bedeutsam; aber die Eltern sprachen nicht über den Vorgang an der Steilküste. Von diesem Tage an war die Freundschaft der Jungen noch enger. Johannes war dankbar, daß wenigstens ein Mensch an ihn glaubte.

Kurz darauf erhielt Collin eine Einladung zu einem Sportfest im nächsten Ort, wo ein Schulkamerad weilte, bei dem er übernachten solle. Es war zwei Stunden zu Fuß bis dorthin. Der Weg führte am Ufer entlang und zeitweise durch einen Wald, der bis ans Meer reichte. Collin packte einen Rucksack und versprach nach zwei Tagen heimzukommen. In dieser Nacht hatte Johannes einen Traum: Er sah ein ihm fremdes Waldstück hart am Wasser, wo ein eigenartiger Baum wuchs, dessen stärkster Ast waagerecht über die Brandung hinausragte. Darunter war ein schmaler Vorsprung. Auf dieser Klippe lag Collin, der einer Ohnmacht nahe schien. Mit einem Ruck wachte Johannes auf. Trotz der späten Stunde schlich er sich zum Zimmer des Vaters, wo noch Licht brannte. Zögernd klopfte er an. James Mackai öffnete irritiert. Als er die Blässe im Gesicht des Jungen sah, wollte er ihn mit einem Scherz ermuntern. »Nun, hast du wieder Gespenster gesehen oder gar einen Leprachaun?« Johannes erblickte den Stock in der Ecke, sein Herz schnürte sich ihm zu und er stotterte: »Ich wollte nur fragen, ob Nachricht von Collin gekommen ist?« »Wo denkst du hin? Er ist ja erst heute gegangen. Du gehörst ins Bett, kleiner Mann, gute Nacht.«

Kläglich kroch Johannes in die Federn. Er wagte kaum, die Augen zu schließen; denn das Bild der schäumenden Wogen unterhalb der Felsenklippe mit der leblosen Gestalt ließen ihm keine Ruhe. Er wagte auch am nächsten Tag nichts zu sagen. Als Collin gegen Abend noch nicht aufgetaucht war, eilte er den Küstenweg entlang. Dort kam Malcolm ihm entgegen, der Freund von Collin, und rief: »Hallo Johnnie, was ist denn bei euch los? Ist meine Einladung nicht angekommen? Wir hätten bestimmt gewonnen, wenn Collin dabei gewesen wäre.«

Jetzt erst bemerkte er das verstörte Antlitz des Kindes. »Collin ist ganz früh gestern losgegangen, aber ich hatte Angst um ihn und wollte nach ihm suchen.« »Du meinst, er ist seit zwei Tagen verschwunden? Das muß die Polizei wissen. Lauf du nur schnell nach Hause und schlag' Alarm, es wird bald dunkel.« Malcom wollte nicht hören, was der Junge noch zu sagen hatte, und zu Hause brachte seine Nachricht nur Chaos und Aufruhr. Trotz seines inständigen Bittens durfte Johannes die Suche nicht begleiten. Frau Mackai war einer Ohnmacht nahe, und es wurde von ihm verlangt, die drei Mädchen ins Bett zu bringen. Polizisten und Nachbarn machten sich auf den Weg. Johannes tat kein Auge zu; vom Nebenzimmer her hörte er die Klagen der Tante. Vor den inneren Augen sah er seinen Freund auf der engen Klippe liegen.

Gegen Morgen kam die Truppe erschöpft zurück, ohne eine Spur von Collin gefunden zu haben. Malcolm wollte an seinem Ort auch Sucher mobilisieren. Der Onkel schloß sich in sein Zimmer ein und verweigerte jede Nahrung. Ein Leben ohne den Ältesten konnte er sich nicht vorstellen. Collin war der Erbe, die Mädchen galten ihm wenig. Johannes aber war wie ein Gefangener, von Gesichtern gepeinigt. Jetzt hörte er sogar die Hilferufe von Collin, der sich in Schmerzen wand. Leise zog der Junge seine alte Jacke an, um selber auf Suche zu gehen. Er fuhr mit der Hand in die Tasche und fühlte dort einen Zettel. Es war der letzte Spruch der treuen Amme und er las: »Dunkel ist jene Stadt – dunkel sind die, die dort wohnen. – Du bist der braune Schwan, – der unter ihnen wandelt. – Ihre Herzen sind unter deiner Kontrolle, – ihre Zungen unter der Sohle deines Fußes, – nie werden sie ein Wort sprechen, – das dich verletzen kann.«

Kristallklar war jetzt dieser Segen für ihn. Entschlossen klopfte er an die verschlossene Tür, die stürmisch aufgerissen wurde. Johannes ließ sich nicht entmutigen und fragte: »Gibt es auf dem Weg nach Norden einen Baum, der einen langen Ast waagerecht über das Meer streckt?« »Warum fragst du?

Ja, es ist eine alte Eiche und sie wird Galgenbaum genannt, weil man früher die Piraten dort aufknüpfte, als Warnung für ihre Genossen. Aber du bist doch noch nie dagewesen?«

»Ich habe den Galgenbaum im Traum gesehen und darunter auf einem Vorsprung liegt eine Gestalt. Vielleicht ist es Collin . . .«

Erregt ging James Mackai im Zimmer auf und ab. Sollte dieses Kind mit den seltsamen, hellgrauen Augen Dinge sehen können, die ihm verborgen waren? Dann faßte er einen Entschluß. Er packte Decken, heiße Getränke und ein starkes Tau ein, bat auf der Polizei darum, zwei ausgeruhte Männer mit einer Tragbahre zum Galgenbaum zu schicken und machte sich mit Johannes auf den Weg. Es war dunkel im Wald und der schmale Pfad schwer zu finden. Nur vom Meer her glitzerte gespiegeltes Sternenlicht. Es war eine gute Stunde bis zu der Stelle, wo tatsächlich ein mächtiger Baum einen langen, geraden Ast im rechten Winkel über das Ufer hinausstreckte. Bei ihrem Anblick war der letzte Zweifel für Johannes verschwunden. Seine Hoffnung, den Freund zu retten sprang wie eine Flamme in seinem Innern auf. Er warf sich auf die Knie und spähte vorsichtig nach unten. Genau wie erwartet, war unter ihm die Felsklippe auf halber Höhe des Steilufers. Darauf lag eine dunkle Gestalt. James Mackai rief nach seinem Sohn, ein Stöhnen war die Antwort. Noch lebte Collin. Sein Bein war gebrochen. Er war sehr schwach. Bis es ihm gelungen war, sich das Tau um die Hüften zu binden, waren schon die Männer mit der Tragbahre herangekommen. Mit größter Vorsicht zogen sie den Verletzten nach oben. Collin litt starke Schmerzen, schlimmer aber war der verzehrende Durst. Umgeben von Wasser hätte er verdursten müssen, wäre die Rettung nicht gekommen. Die warmen Getränke belebten ihn. Endlich fand er seine Stimme wieder. »Wie habt ihr mich gefunden? Zweimal kamen Leute vorbei und ich schrie bis ich heiser war. Als es jetzt wieder dunkel wurde, gab ich alle Hoffnung auf und wollte mich schon ins Meer rollen lassen.« Da drückte der Vater ihn in seine Arme und sagte: »Es war Johnnie, der uns gesagt hat wo du bist. Er hat uns zum Galgenbaum geführt. Ich verstehe nicht, wie er es wußte . . .« Da ging ein Leuchten über Collins Gesicht. »Ich hab' ihn doch gerufen!« antwortete er, so als sei es selbstverständlich, über viele Meilen hinweg gehört zu werden, wo doch die Sucher am Ufer ihn nicht hatten vernehmen können.

Seine Mutter hatte indessen einen großen Topf Suppe gekocht und alle waren eingeladen, auch Malcolm und die Polizisten. Johannes schaute sich im Kreise um. Plötzlich wußte er, daß er von nun an wirklich zu dieser Familie gehören würde. Da griff er zu und aß mit einem Bärenappetit, so oft ihm auch der Teller gefüllt wurde. Ein Arzt kam noch vor Mitternacht und schiente das Bein. Collin erholte sich rasch. Johannes aber schlief tief und traumlos. Spät wachte der Junge auf und fand seinen Teller am Frühstückstisch mit frischgepflückten Blumen verziert. Die hatten seine kleinen Schwestern gepflückt. »Wenn du fertig bist, Johnnie, geh nur zum Vater hinauf, er hat etwas Schönes für dich«, sagte die Mutter. Sie blickte ihren Neffen mit einer Liebe an, wie der Waise sie nie vorher bei ihr sah. Ohne Angst klopfte er an die schwere Tür, wo der Onkel einen alten Siegelring in seine Hände legte. »Das ist unser Dank für die Rettung. Ohne dich hätten wir Collin nicht lebend gefunden. Eine dritte Nacht hätte er nie überlebt. Aber sage mir, Johannes, warum bist du am ersten Abend zu mir ins Zimmer gekommen?«

Johannes senkte den Kopf und zögernd bekannte er, er habe den Galgenbaum und die Klippe schon damals gesehen. »Und du hattest Angst, es mir zu sagen?« Erregt ging der schwere Mann im Zimmer auf und ab. Dann ergriff er den Stock. Mit einem Ruck brach er ihn in zwei Teile. »Nie wieder sollst du in meinem Hause Angst haben. Und wenn du einen Wunsch hast, sag es mir, ich will ihn dir gerne erfüllen, wenn ich es kann.«

»Ich habe ja alles, mir fällt nichts ein, aber, aber, darf ich den Mädchen sagen, daß ich nicht gelogen habe?«

Ganz leise und doch mit großer Bestimmtheit antwortete der Puritaner: »Ich werde es ihnen selber sagen, jetzt gleich, und du sollst dabei sein.«

Die hellen Augen des Bruders

Nicht weit von dem Boyne Fluß, nahe der alten Klostersiedlung Clonard, wohnte das Peterle, ein Junge, der nicht laufen konnte. Seine Mutter meinte, er sei zu früh geboren, bevor er fertig war, und Peter selber dachte, die Engel hätten wohl keine Zeit gehabt, ihn richtig zuzunähen und deshalb sei ein Loch in seinem Rücken geblieben.

Peter war ein kluges und hellwaches Kind, an dem die Eltern viel Freude hatten. Merkwürdig, ja unvergeßlich waren seine wunderbar leuchtenden, großen graublauen Augen mit einem dunklen Rand. Niemand hatte je solche Augen gesehen. Seine Heimat war das weitläufige, alte Haus, dessen Garten ein Vogelparadies einschloß und bis zum Fluß hinabreichte. Aus der hohen Vorhalle, wo früher das Heu eingefahren worden war, hatten die Eltern ein Musikzimmer mit einem Kamin gebaut, wo oft Hauskonzerte stattfanden. Die Musikerfreunde besuchten gerne ein Kind, das aufmerksam lauschen konnte und die Werke der alten Meister liebte. Kein Tag verging ohne gemeinsames Singen. Die Musizierfreudigkeit der Eltern wurde nur von den Vögeln übertroffen, deren Lieder durch die offenen Fenster zu hören waren.

Als der kleine Sebastian geboren wurde, freute Peter sich über alle Maßen, vor allem weil er kerngesund war. Doch es dauerte eine Weile, bis aus dem Baby ein kräftiger Junge wurde, mit dem er spielen konnte. Vorerst stand seine Wiege bei Nacht neben Peters Bett und am Tag neben dem Rollstuhl. Sebastians erste Erinnerung waren die hellen Augen des Bruders, die liebevoll über ihm wachten.

Sechs Jahre vergingen. Es kam ein langer heißer Sommer, an den Sebastian sich sein ganzes Leben lang erinnern sollte. Der Tischler im Dorf hatte eine Liege für Peter gebaut, die mit fester Leinwand bespannt und mit Rädern versehen war, so daß sie in den Garten geschoben werden konnte. Dort bauten die Brüder winzige Häuser aus Baumrinde und Zweigen, legten Moos darum und pflasterten die Wege mit Kieselsteinen, gruben kleine Beete aus und Sebastian lief eifrig hin und her, um für den Zwergengarten Blumen zu holen oder Samen, die die Mutter ihm gab.

Dann jedoch mußte Peter ins Krankenhaus nach Dublin, und Sebastian vermißte ihn beim Spielen. Besonders aber sehnte er sich nach den Märchen, die der Bruder ihm täglich erzählt hatte. Ebensosehr vermißte Peter den Kleinen. Es war öde in der Klinik, und bei den Besuchen des Vaters lag oft ein Schatten über Peters Gesicht. »Was fehlt dir, mein Junge?« fragte er. Der Kranke aber schüttelte den Kopf und murmelte: »Es hat doch keinen Zweck zu sagen, was mir fehlt. Niemand kann meinen Wunsch erfüllen.« Schließlich gestand er, wie sehr er sich nach dem Garten mit den Vogelstimmen sehne, nach dem Rauschen des Boyne, dem Summen der Bienen und dem Säuseln des Windes in den Wipfeln der hohen Bäume. »Wenn du mir diese Musik hier vorspielen könntest, dann würde ich von unserem Garten träumen und wieder froh werden.«

Von diesem Tag an hatte der Vater stets ein Notenheft in der Tasche wenn er unterwegs war. Oft blieb er mitten auf der Straße stockstill stehen, bis er eine bestimmte Melodie oder einen Vogelruf notiert hatte. Sonntags spielte er die Noten auf seiner Flöte vor und Peter durfte raten, welcher Vogel wohl gemeint sei. Es wurde ein lustiges Spiel, auch für Sebastian, der gute Ohren hatte und tüchtig mithalf, alle Vogelstimmen zu erkennen. »Jetzt fehlt nur noch eins; draußen in der Natur klingt alles gleichzeitig ineinander und du spielst immer eine Stimme nach der anderen . . .« meinte Peter träumerisch.

Der Tag der Heimkehr wurde ein wahres Fest für die Familie. Heimlich hatten die Eltern ihre Freunde eingeladen und mit ihnen die »Symphonie der Natur« eingeübt. Jubelnd klang das Sommerlied der Geigen, dazwischen tönten einzelne Flöten, das Cello rauschte mit seinen dunklen Saiten wie der Strom hinter dem Hause, eine Bratsche summte den Bienenchor und hier und da erklang ein helles Glockenspiel. Jedes Instrument durfte sein Solo einzeln spielen, ehe alle Töne sich in den Klang der großen Symphonie einwoben. Es war eine überwältigende Freude für Peter und für

Sebastian, die die Musiker baten, es wieder und wieder aufzuspielen.

Peter lebte von diesem Tag an mit erhöhter Wachsamkeit. Er beobachtete die Wolkenbildungen und das Wetter. Sein zarter Körper schien einem Barometer gleich jede Wende zu spüren. Der Wechsel der Jahreszeiten war eine Quelle des Staunens für ihn. Dem heißen Sommer folgte ein großer Herbst mit leuchtenden Sonnenuntergängen, bis endlich die Stürme über Wald und Strom hereinbrachen und er ans Zimmer gefesselt blieb. Kaum aber vernahm er das Brausen der Wildgänse, die in Schwärmen über das Land flogen, da verlangte er, daß der Vater ihn auf seinen Armen in den Hof trage, damit er ihren Schrei vernehmen könne und das Rauschen der starken Flügel.

Den Winter über malte und zeichnete Peter viele Bilder mit feinen, sehr zarten Pastellfarben, während Sebastian gerne den Pinsel tief in den Farbtopf tauchte und seine kräftigen, farbenfrohen Versuche machte. Im Frühjahr war Peter zu schwach, um im Garten zu liegen. Statt dessen gab es Arbeit für den kleinen Bruder, der aus Feld und Garten die ersten Blumen brachte und sie Peter auf die Bettdecke legte.

Ostern kam früh in diesem letzten Jahr in Peters Leben. Durch das Fenster schaute er den runden Vollmond und hörte die Ereignisse der Karwoche mit tiefer Anteilnahme. Seinetwegen wurden die Ostereier diesmal im Kaminzimmer versteckt, und mit einer langen Pfauenfeder deutete Peter auf die Stellen, wo er eines vermutete, und Sebastian sammelte sie für ihn ein. Es folgte eine unruhige Nacht, und der Arzt wurde gerufen. Später schlich Sebastian ins Krankenzimmer und fragte: »Peter, warum weint Mutti in der Küche?« »Das kann ich dir sagen, wenn du mir fest versprichst, nicht auch zu heulen.« Sebastian schwor den Eid. »Weißt du, bald ist dein Geburtstag und dann wirst du sieben Jahre alt, und dann acht und später neun . . . aber ich werde niemals zehn.«

Verständnislos schaute der Kleine ihn an. »Ich male ein Bild für dich, dann weißt du genau, was ich meine.« Er lächelte über den Eifer, mit dem Sebastian Malstifte und Papier ans

Bett brachte, sich zu ihm setzte und gespannt aufpaßte, was da entstand. »Hier ist unser Haus mit dem großen Dach und dem Tor, daneben wachsen die Bäume und hinten fließt der Boyne. Rechts oben sind schöne weiße Wolken und zwischen ihnen ist ein Loch. Das ist eigentlich eine Himmelstür. Einmal durfte ich schon 'reingucken. Bald fliege ich da durch und in den Himmel hinein, vielleicht schon bald. Ich freue mich schon lange drauf und es ist dumm, wenn die Erwachsenen weinen. Aber ich habe noch ein viel größeres Geheimnis, und das erzähle ich nur dir.«

Mit einem blauen Stift malte er links den Fluß, darüber einen grauen Sturmhimmel, aus dem eine Formation vieler Wildgänse heranflog. Die oben links waren noch klein, dann wurden sie immer größer und größer, bis schließlich eine auf dem Dach landete. »Siehst du Sebastian, von da komme ich wieder!« Erschöpft sank er in seine Kissen zurück, und sein Bruder trug das kostbare Bild auf sein Zimmer, wo er es vor den Eltern versteckte.

Als der leichte Sarg auf den Friedhof getragen wurde, pflückte Sebastian die letzten Himmelschlüsselchen, um sie in die Erde mitzugeben. Tapfer hielt er die Tränen zurück, wie er es Peter versprochen hatte.

Viele, viele Jahre später, nachdem Sebastian das Elternhaus verlassen hatte und sich im Norden, dem ewig umkämpften Ulster, niedergelassen hatte und sich eine Frau aus Skandinavien erwarb, räumte Sebastian seine alten Sachen auf und fand unter vergessenen Papieren das letzte Bild wieder, sein sorgsam gehütetes Geheimnis. Lange schaute er es an. Er versank in Träume, und das Antlitz des geliebten Bruders stieg vor seinen inneren Augen auf. Deutlich vernehmbar hörte er die vertraute Stimme sagen: »Siehst du Sebastian, von da komme ich wieder!«

An diesem Abend zeigte er das Bild seiner Frau. Sie glättete das Blatt und meinte, sie wolle es rahmen und täglich vor Augen haben, bis das Rätsel sich löse. Und so fand die Kinderzeichnung ihren Ehrenplatz über dem Kamin und brachte etwas wie die Verheißung einer gesegneten Zukunft in das Leben der jungen Eheleute.

Der Juni mit seinen milchig weißen Nächten verging, und ein heißer Sommer wurde von einem stürmischen Herbst abgelöst. Die junge Frau erwartete ihr erstes Kind. Eine hölzerne Wiege stand in der warmen Stube bereit. Mitten in der Nacht wurde Sebastian von einem Stöhnen geweckt. »Es ist soweit! Schnell, hole den Arzt, er hat einen weiten Weg.«

Draußen war es noch dunkel. Mühsam kämpfte Sebastian gegen den Herbstwind an, der ihm gerade ins Gesicht blies. Allmählich zeigte sich ein hellgrauer Streifen am Horizont. Er stand still, um Atem zu holen. Da hörte er plötzlich einen seltsamen und doch tief vertrauten Ton, der immer stärker anschwoll, bis Sebastian das Lied der wilden Gänse erkannte und den Schlag von tausend Flügeln. In strenger Formation flogen die Zugvögel über seinen Kopf hinweg gen Süden, über sein Haus hinweg der alten Heimat und wärmeren Ländern zu. Die Natursymphonie seines Vaters kam ihm in den Sinn, und er sang Fetzen der Melodien in den Wind hinein.

Es wurde noch ein langer Kampf für die junge Mutter, ehe der Schrei das Neugeborene endlich ankündigte und der Arzt dem Vater sein erstes Kind in die Arme legen konnte. Überwältigt von dem Anblick des hilflosen, winzig kleinen Wesens, suchte Sebastian nach familiären Zügen, fand aber nichts an dem Säugling, was ihn an irgend jemanden erinnerte. Leise sang er dem Kind zu. Da hielt es für einen Augenblick im Schreien inne und holte tief Atem. Langsam öffnete es seine festgeschlossenen Lider und blickte ihn mit zwei großen, hellen graublauen Augen an, die einen dunklen Rand zeigten: die Augen seines kleinen großen Bruders.

Eine heiße Welle der Freude erfüllte ihn, und mit Tränen in den Wimpern neigte er sich zu seiner geliebten jungen Frau, um das Geheimnis seines Glückes mit ihr zu teilen.

Belohnte Treue

Katriona war ein bildschönes irisches Mädchen mit goldrotem Haar und der klaren Haut, die die weiche Luft ihres Landes schenken kann. Viele der jungen Männer im Dorf schauten begehrlich zu ihr hin, und nie war sie ohne einen Tänzer bei den Festen, aber zu einer Heirat kam es nicht. Kein Bauer gab seinen Sohn an ein mittelloses Mädchen, und Katriona war die Jüngste in der Familie. Sie konnte auf keine Mitgift rechnen. Sie lernte den Beruf einer Hebamme und zog über die Bergkette hinweg in ein anderes Tal, wo sie bald unabkömmlich war.

Ob sie in eine kleine Hütte gerufen wurde oder zu einem reichen Bauern, immer war sie gleich hilfsbereit. Ihre kräftigen Hände konnten gut zupacken. Sie wußte, welche Kräuter den Fluß der Milch förderten, wie ein Trunk Apfelmost mit Honig die Geburt erleichterte. Mit Rosmarinöl rieb sie die schmerzenden Rücken der Frauen, mit Comfriesalbe die kalten Füße. Viel Glück erlebte Katriona in den Stunden, wenn ein Neugeborenes in ihren Armen lag. Überall im Dorf liefen ihr die Kinder nach, um sie am Rockzipfel zu packen und sich über das Haar streichen zu lassen.

Es gab aber auch Tage, an denen sie den Tod einer jungen Mutter und die Verzweiflung des Vaters mitansehen mußte. Auch mußte wohl ein Neugeborenes zu Grabe getragen werden, nachdem es nur wenige Stunden gelebt hatte. Dann sprach sie die Worte der Nottaufe. An ihren freien Tagen besuchte sie die kleinen Gräber im Friedhof, um sie mit Blumen zu schmücken.

Damals lebte im irischen Volk noch ein Wissen um die Elementarwesen. Es war für Katriona selbstverständlich, daß sie jeden Abend einen Teller mit Milch oder Haferbrei für den Hauswichtel am Herd niedersetzte. In mancher durchwachten Nacht rief sie die Hilfe der Elfen an. Wenn die Dämmerstunde kam und sich die Kinder des Hauses um sie drängten, um Geschichten zu hören, dann erzählte sie für das »Kleine Volk« mit. Sie ahnte, wie groß die Sehnsucht dieser Wesen war, etwas vom Glück der Menschenkinder zu hören. Die

Zwerge können ja ein Kind erst nach dem siebten Lebensjahr sehen. Vorher sind sie ihnen unsichtbar. Nun hatte Katriona einen reichen Schatz von Erlebnissen mit Kleinkindern, und freigiebig teilte sie davon mit.

Es war an einem kühlen Herbstabend, als Katriona allein in der großen Küche eines Hofes wartete, ob sich der neue Erdenbürger wohl melden würde. Der Kessel sang auf der Herdplatte. Die Katze war vor die Tür gesetzt worden, damit der Hobgoblin seine Milch ungestört genießen konnte, und alles war still. Ein feines Stimmchen flüsterte Worte in das Ohr der müden Katriona, deren Inhalt sie zuerst nicht verstand. Noch einmal sagte das Stimmchen: »In drei Tagen wird Clara ihr Kindchen bekommen. Sie hat sich in der Hütte versteckt, die hinter der Heide am Eichenwald steht, wo der Ginster blüht und die Hecke reife Hagebutten trägt. Clara hat den roten Seemann zu sehr geliebt, der jetzt auf den sieben Meeren segelt. Er hat ihr keinen Heller geschickt, obwohl er es doch versprochen hatte. Clara braucht·Hilfe.«

Es blieb kaum Zeit, die Botschaft aufzunehmen, da rief schon die junge Bäuerin nach der Hebamme. Der Kampf um das Leben des Hoferben begann. Blau war er nach der Geburt, atmen wollte er nicht, kein Schrei hob die kleine Brust. Immer wieder tauchte Katriona den Buben in kaltes und dann wieder in warmes Wasser, bis ein Wimmern hervorbrach und endlich ein tiefer Atemzug Leben und Hoffnung brachte.

»Was wünschst du dir, Katriona? Wir wollen dich reich belohnen. Kein Arzt hätte es besser machen können«, sagte der Vater und drückte Geld in die Hand der Hebamme. »Ja, ich habe schon eine Bitte. Nicht für mich, sondern für ein Kind, dem es an allem fehlt. Eure Truhe ist angefüllt mit Windeln und Kleidern genug für Drillinge. Wenn ich eine Notausrüstung haben dürfte, so wäre einer anderen Mutter geholfen.«

So kam es, daß Katriona mit einem Packen warmer Babysachen und einem Korb, angefüllt mit Brot, Milch, Butter und Hafergrütze den Hof verließ. Sie fand den Weg an der wilden Weißdornhecke entlang bis dorthin, wo rote Hagebutten leuchteten und später Ginster blühte. Es war, als würden ihre Füße von den Unsichtbaren gelenkt. Rasch erreichte sie die Hirtenhütte, in der das junge Mädchen verzweifelt auf dem Lager aus Farnkraut lag. Kein Feuer brannte im eisernen Ofen. Die Speisekammer war leer, und nur ein Krug mit Quellwasser stand an dem Bett.

Es galt Holz zu sammeln und Wasser zu erhitzen, die Lebensmittel auszupacken und Clara essen zu lassen. Während sie arbeitete, hörte sie Clara's Geschichte. Sie war wohlbehütet aufgewachsen, hatte aber den Lügen des rothaarigen Gerry nicht widerstehen können. Sie war von zu Hause weggelaufen, ohne Geld und ohne jedes Wissen um die Not der Armut und die Schmerzen der Geburt. Wie ein Engel erschien ihr die Hebamme, die resolut den Besen ergriff, um die Spinnweben fortzuwischen, ehe es Zeit für die Entbindung war. Kurz war der Kampf. Der junge Leib befreite sich rasch von der Bürde. Ein zartes Mädchen mit dem roten Flaum, den es vom Vater geerbt hatte, füllte die Hütte mit überirdischem Licht. »Naomi soll es heißen«, sagte die Mutter; »denn ich weiß, mein Kind muß in die Fremde ziehen, so lieb ich es auch habe. Bei mir würde es verhungern«. Eine Woche lebten die zwei Frauen in der Abgeschiedenheit. Schlehen und Hagebutten, Haselnüsse und wilde Kräuter streckten die mitgebrachten Lebensmittel, und Naomi gedieh.

»In meinem Heimatdorf lebt ein reicher Bauer, der kinderlos ist. Ihm wollen wir das Mädchen bringen, und du kannst heimkehren zu deinen Eltern und ein neues Leben beginnen«, riet Katriona der jungen Mutter. So machten sie sich auf den Weg. Unterwegs fanden sie gastliche Aufnahme. Es wurde ihnen Buttermilch angeboten und süße Milch für Naomi. Am Fuß der Bergkette trennten sie sich. Dankbar küßte Clara ihre Retterin und nahm Abschied von Naomi. Ohne Zögern nahm der reiche Bauer das Kind an. Das Geheimnis der jungen Mutter wurde bewahrt.

Inzwischen war nur noch Katrionas ältester Bruder auf dem heimatlichen Hof. Er nahm ihr das Versprechen ab, zu ihm zu ziehen, wenn sie zu alt zum Arbeiten sei. Freudig kehrte

Katriona in das Tal zurück, wo schon neue Aufgaben auf sie warteten. Irland ist das kinderreichste Stück Erde, und die Wiegen stehen nie leer.

Jahre vergingen. Die Arbeit wurde für Katriona schwieriger. Mehr Krankheit, mehr Unzufriedenheit war im Tal unter den Menschen. Ihr Los verlangte, daß sie mit den Bewohnern litt, wie auch mit dem »Kleinen Volk«. Sie war ratlos, wie sie dort helfen konnte, von wo früher stets Hilfe geflossen war. Zwerge und Feen zeigten sich nicht mehr unter den Menschen. Völlig erschöpft machte sie sich an einem trüben Herbsttag auf den Weg zum Feenhügel. Sie wollte den schwingenden Torf unter den Füßen fühlen, sich tiefer mit der Erde verbinden, in die am Vortag eines der Kinder gebettet worden war. Sie hatte Tag und Nacht vergebens um sein Leben gekämpft. Teresa war der Name, den es in der Nottaufe empfangen hatte. Noch sah sie vor ihrem inneren Blick das kleine Köpfchen, die weichen blauen Augen. Ihr Herz verkrampfte sich. Warum? . . . Würde sie nach all den Jahren endlich Antwort auf ihre Frage erhalten?

Ihre Schritte verlangsamten sich. Die Heide war verblüht. Noch war ein Schimmer von Purpur zwischen dem rostbraunen Farnkraut zu ahnen. Abwesend setzte sie sich auf einen breiten Granitstein und holte nach alter Gewohnheit den Rest von Speisen aus der Tasche, um ihn ihren kleinen Freunden hinzustreuen, den Unsichtbaren. Es war Kuchen von der letzten Beerdigung. Sie schloß die Augen. Regungslos verharrte sie so, bis eine Stimme rief: »Katriona, wach auf! Du mußt uns hören.«

Ringsum war niemand zu sehen. Langsam nahm sie die Konturen des Feenhügels wahr. Sie spürte den Wind auf ihrem Gesicht und beobachtete, wie die Brise einen Vorhang aus Efeu hin- und herschwingen ließ. War dahinter eine Tür? Wie im Traum trat sie näher, schob den Efeu zur Seite und fand sich gegenüber einem hölzernen Torbogen, der in einen Gang führte, von Wurzeln abgestützt. Ein schwacher Schimmer kam aus der Tiefe. Katriona bückte sich, um einzutreten. Das Licht wurde heller, und sicher fanden ihre Füße den Weg ins Innere des Feenhügels. Es ging abwärts. Ein Flötenklang lockte sie weiter und immer tiefer, bis der Pfad sich zu einem Kreisrund erweiterte, der von Fackeln erhellt war. In dem engen Raum hockten die Gnome. Auf einer Moosbank saß der Zwergenkönig. Ein Sitz wurde ihm gegenüber für sie hingeschoben, so daß sie sich setzen konnte, nachdem sie die Majestät mit einer Verbeugung gegrüßt hatte. Es war still geworden. Tiefer Ernst lag auf den Gesichtern ihrer Freunde. »Dank für dein Kommen, Dank für deine Trauer um Teresa, mit der das Schicksal gnädig umging. Bald werden die Kinder Irlands zu Tausenden sterben.« Katriona drückte beide Hände gegen ihr Herz und rief: »Warum? Was haben wir getan? Wer hat das verschuldet?«

»Gift habt ihr in den Boden gepflanzt, Nachtschattengewächse angebaut statt guten Hafer und Gerste. Kartoffeln und Tomaten pflanzt ihr an. Sogar Tabak wird heimlich kultiviert. Der Pfeifenrauch macht eure Männer blind und taub gegenüber der geistigen Welt. Zu Tausenden sind die Prozessionen des »Kleinen Volkes« hier auf die weiße Insel geflohen. Jetzt hat das Gift auch Irland erreicht. Eine furchtbare Kartoffelpest wird die nächste Ernte verheeren. In Haus und Hof, in Stadt und Land werden die Menschen verhungern, die Kinder zuerst, dann die alten Männer, zuletzt die Frauen. Du bist die einzige, die uns noch erkennt. So wollten wir dich warnen.«

»Was kann ich denn zur Rettung tun? Ich bin doch kein Bauer? Mir gehört nicht einmal ein Garten, noch weniger ein Acker. Was soll ich tun?« »Rate den Bauern, wieder Korn anzubauen oder Rüben und Kohl. Wer fliehen kann, soll fliehen. Über dem westlichen Meer gibt es Land und dort sollt ihr Hirse und Mais anbauen, Weizen und Hafer.«

Wie betäubt hörte Katriona zu. Sie zweifelte keinen Augenblick daran, daß ihre Freunde die Wahrheit gesprochen hatten; aber sie fühlte sich alt und schwach, zu kraftlos, um es mit den Großbauern aufzunehmen, die ja niemals auf eine Frau hören würden.

Die Flöten begannen leise eine Melodie zu spielen. Ihre Audienz war zu Ende und taumelnd erhob sie sich, um sich zu verbeugen. Mit schwerem Herzen wanderte sie zurück. Zu

Hause erwartete sie ein Brief des Bruders, der sie wiederum aufforderte, doch in die Heimat zurückzukehren.

Sie setzte sich sofort hin, um ihre Antwort zu schreiben. Nein, noch gäbe es zuviel zu tun, doch sie hätte eine Bitte. Im nächsten Frühjahr solle er Getreide und keine Kartoffeln anbauen. Den Grund könne sie nicht sagen. Auch die Nachbarn müßten gewarnt werden.

Danach fühlte Katriona sich etwas erleichtert. Mutig sprach sie auch zu ihren Nachbarn, erklärte den Müttern, die Kinder sollten wieder Haferbrei essen, Kartoffeln machten dumm. Der Mann solle ja keine Nachtschattengewächse anbauen. Sie fand den Mut, den Herrn Lehrer anzusprechen, der in der englischen Zeitung etwas von der Kartoffelpest gelesen hatte und ihr deshalb aufmerksam zuhörte. Einige Kleinbauern nahmen die Warnung ernst. Es begann auch eine neue Welle von Auswanderern nach Amerika zu segeln. Katriona riet dem Kaufmann, der den einzigen Laden im Tal versorgte, viel Korn und Hafer als Saatgut einzulagern, dazu einen Vorrat zur Ernährung. Hier und da erntete sie Spott. Was wußte eine Hebamme schon von Saat und Ernte? Sie sollte sich um die Kinder kümmern.

Das tat Katriona auch. Nach jeder Geburt mühte sie sich darum, den Müttern wieder die alten Gerichte zu kochen, Gerstensuppe, Hafergrütze und Roggenbrot. Sie brachte Samen mit, um Kräutergärten anzulegen, verdoppelte ihre Aufmerksamkeit, um selber herauszufinden, welche Wirkung die Nachtschattengewächse haben und wo der Tabakgenuß Spuren einer Veränderung hinterläßt.

Was sie bemerkte, war der Verlust jeder Ehrfurcht vor den Elementarwesen, Skepsis den alten Gebräuchen gegenüber und viel Stolz auf neue technische Errungenschaften. Jetzt, wo sie selber alt wurde, spürte sie den Mangel an Achtung, den früher jeder Ire dem »Bodach« oder Greis gegenüber hatte. Auch die gaelische Sprache wurde vernachlässigt. Englisch nahm überhand, ohne daß sich damit der Haß gegen die Herrscher minderte. Nein, es war wenig von dem Frohsinn und der Heiterkeit im Land zu spüren, den sie aus ihrer Kindheit her erinnerte, in der noch jedes Dorf seinen

Barden hatte und die Menschen keine Arbeit begannen, ohne ihre uralten Gebete zu sagen.

Das Frühjahr kam spät. Das Wetter blieb bis in den April hinein naß und kalt. Die Saatkartoffeln zeigten Schimmel, und einige Bauern dachten an die warnenden Worte von Katriona. Die Baumblüte verzögerte sich. Als sie endlich kam, prasselte der Regen tagelang, und die Bienen konnten nicht ausfliegen. Doch erst im Sommer kam die Katastrophe. Weit und breit waren die Felder von der Kartoffelpest befallen. Die Ernte verdarb. Der Strom der Auswanderer schwoll an. Die Alten und die Kinder aber blieben zurück, und ein Hungerwinter folgte.

Viel ist über die irische Not erzählt worden, die über eine Million Menschen das Leben kostete. Eicheln, Baumrinde und Seetang wurden als Nahrung gesammelt. Das Vieh starb und keine Hilfe kam.

Katriona wartete zu lange, ehe sie sich auf den Weg zu ihrem Bruder machte. Bis zuletzt hatte sie versucht zu helfen und zu raten. Mit einem Bündel auf dem Rücken stand sie der schneebedeckten Bergkette gegenüber. Der alte Fußpfad war verweht. Ihre Kräfte waren dem Aufstieg nicht mehr gewachsen. »Nur noch die eine Steigung bis zum Haus des O'Brien, dort kann ich mich ausruhen«, dachte sie. Jeder Schritt wurde zur Qual. Ihre Zehen waren wie abgefroren. Der lange Rock schlug feucht gegen ihre Glieder, und der Wind blies ihr hart ins Gesicht. Schon wollte sie sich hinlegen, den Kampf aufgeben, als sie den Duft eines Torffeuers zu riechen glaubte. Wo es ein Feuer gibt sind Menschen! Sie spähte in den weißen Wirbel der Flocken. Tatsächlich, ein erleuchtetes Fenster war sichtbar. Noch hundert Meter, dann öffnete sich eine Tür, Hände streckten sich nach ihr aus, halfen ihr über die Schwelle, leiteten sie zum Herd, auf dem der Torf brannte. Darüber hing ein Kessel mit Wasser und sang sein Lied. Ihre kalten Hände schlossen sich um eine Tasse Tee. Haferkuchen mit frischer Butter standen neben ihr. Braune Brötchen aus gemahlenem Weizen wurden aus dem Ofen gezogen. Sie durfte essen soviel sie wollte. Ein Bett mit trockenem Farnkraut stand in der Ecke. Tief sank sie in den Schlaf, während flinke Helfer ihre Kleider trockneten, die Schuhe ausstopften und an den Herd stellten.

Es war leer im Haus, als Katriona aufwachte. Die Sonne schaute ins Fenster. Das Schneetreiben hatte sich gelegt, und ringsumher glitzerten die Berge. Das Feuer brannte lustig im Herd, die Hafergrütze wallte im Topf, und ein Platz war für sie gedeckt. Ein Krüglein mit Sahne stand neben dem Teller. Ihr schien es, als habe sie nie in ihrem Leben ein besseres Frühstück genossen. Süße Honigkuchen waren zum Mitnehmen in ein Tuch geknotet. Von den O'Brien war niemand zu sehen. Sie waren wohl zur Arbeit in den Wald gegangen, um Holz zu fällen. Sie würde ein andermal danke sagen können. Wenn sie wieder in der Heimat wohnte, war es ja nicht weit. Noch einmal drehte sie sich um, winkte zurück, konnte aber weder das Haus noch den Rauch gegen den Westhimmel sehen. So wandte sie sich dem Tal ihrer Kindheit zu. Niemand erkannte sie unter dem grauen Tuch. Selbst ihr Bruder vermochte kaum, in der alten Frau mit den eingefallenen Wangen seine Schwester zu erkennen.

Hier im Dorf war der Hunger nicht so schrecklich, weil die Warnungen Katrionas ernstgenommen worden waren und genug Hafer, Roggen, Gerste und Rüben eingelagert waren. Von den Alten waren jedoch viele gestorben. Es gab weniger Kinder auf der Straße. Eine Nonne hatte die am meisten gefährdeten Schüler in ein Kloster nach England gebracht, wo sie es gut hatten. Alle diese Neuigkeiten hörte Katriona am ersten Tag. Dann begann sie von dem Elend in dem Tal jenseits der Bergkette zu sprechen und erlebte in ihrer Erinnerung noch einmal die bittere Fußreise und ihre Rettung vor dem sicheren Tod durch die O'Briens. Ihr Bruder setzte sich mit einem Ruck auf. »Wovon sprichst du? Das Haus dort oben ist seit sieben Jahren verlassen. Die ganze Familie ist nach New York ausgewandert. Du mußt dich getäuscht haben.«

Da hörte er zum erstenmal wieder das helle Lachen seiner Schwester und sah, wie ihre eingesunkenen Augen zu leuchten begannen. Das Bild von der offenen Tür, dem brennenden Torffeuer, den helfenden Händen und dem trockenen

Bett in der Ecke, dem köstlichen Frühstück erstand vor ihm. Als er noch immer skeptisch mit dem Kopf schüttelte, nahm Katriona still das Tuch aus der Tasche, in dem die süßen Honigkuchen eingeknotet gewesen waren. Verwundert betrachtete er das Beweisstück. Dann wurde er sehr ernst. Mit seinen groben Fingern wies er auf das Tuch, zeigte den feinen Saum, die winzigen Stiche, und sagte bedächtig: »Diese Arbeit kann nur von Feen getan sein, kein Mensch versteht es, solche Stickerei zu fertigen. Du bist vom ›Kleinen Volk‹ gerettet worden.« Schweigend nahm Katriona das Beweisstück in ihre Hände und sie nickte. Ihr Bruder schaute sie mit Ehrfurcht an und fragte bedächtig: »Waren sie es, die dir die Warnung vor der Hungersnot gaben?« Da nickte sie wieder, beschwor ihn aber, es niemandem zu sagen.

Das Wetter blieb klar, und nachdem Katriona sich ausgeruht hatte, bat sie ihren Bruder, mit ihr zum Haus der O'Brien zu gehen; denn noch wollte sich die Realität der Gastfreundschaft nicht verdrängen lassen. Es war ja kein weiter Weg. Wo der aufsteigende Rauch sich hätte zeigen müssen, war nichts zu sehen. Hinter der Holunderbeerhecke lagen Ruinen. Weder Tür noch Fensterrahmen waren erhalten geblieben. Öde gähnte das ehemalige Wohnzimmer. Der Herd war kalt, und in der Ecke lag ein Bündel vertrockneter Farnkräuter.

War es Blendwerk, Illusion oder ein Wahrtraum, was sie erlebt hatte? »Wie mit tausend Stichen heften die Elementarwesen die sichtbare Welt mit der Unsichtbaren zusammen«, so heißt es in der Überlieferung.

Kamen Nachbarkinder zu Katriona, um von ihr die alten Märchen zu hören, endete sie jeweils mit der Mahnung: »Vergeßt die Hauswichtel nicht, füttert sie jeden Abend und sperrt die Katzen aus. Erinnert euch an die Elfen und versehrt die Feenhügel nicht. Seid dankbar dem ›Kleinen Volk‹.«

Noch erlebte Irland viel Not. Ganze Dörfer starben aus. Die letzten Bewohner flohen in die Städte oder wanderten aus. Das Wissen um die Elementarwesen blieb aber hier und da erhalten, und als die ersten Eisenschienen verlegt wurden, kämpften die Wissenden darum, daß die heiligen Orte des

»Kleinen Volkes« verschont blieben und keine Telefondrähte über einen Feenhügel gespannt würden.

Wo die Geschichte von Katriona erzählt wird, findet sich wohl ein Zuhörer, der eine Schale mit Milch oder Hafergrütze an den Herd stellt. Vorher aber scheucht er die Katzen aus dem Haus und schließt die Tür.

Das Haus im Elfenwald Tullynashee

Unter allen irischen Geschichten ist diese wohl die merkwürdigste. Ich erzähle sie, wie sie tausendmal vorher erzählt worden ist, zuletzt von Ruth Duffin, der mein Dank gebührt. Mancher wird den Kopf schütteln, ja vielleicht Unsinn nennen, was doch tiefste Wahrheit enthält. Es handelt sich um die Macht der Unsichtbaren und die unbegrenzten Fähigkeiten der Elementarwesen, die in Irland ihre Heimat haben, nachdem sie aus anderen Ländern fliehen mußten. Hier ist die Schöpferkraft des Paradieses noch lebendig erhalten.

In dem kleinen Dorf Kilcormac lebten drei Kinder: Patrick, seine Schwester Eileen und sein bester Freund Jimmy, dessen Haus nebenan lag, getrennt nur durch eine Hecke. Ihre Gärten lagen außerhalb des Dorfes, in der Nähe des uralten Waldes Tullynashee, der sich an einem Abhang entlangzog. Es war ein seltsamer Wald; denn er vermochte sich zu wandeln: ein Pfad verschwand, neue Lichtungen öffneten sich, merkwürdige Pflanzen und Pilze wuchsen dort. Die Dorfleute vermieden es, hineinzugehen. Sie sagten, die Elfen seien am Werk, nicht jeder fände wieder heraus, der einmal hineinging.

Die drei Freunde aber liebten den Wald. Sie entdeckten immer etwas Neues, ergötzten sich an reifen Beeren, fanden Vogelnester in den Weißdornhecken, beobachteten Dachs und Hase, pflückten Primeln und Glockenblumen, spielten mit Eichhörnchen und sammelten Kiefernzapfen für den Kamin zu Hause. Sie spürten das Wohlwollen des Waldes, wenn eine schöne Feder auf ihrem Weg lag oder wenn sie Gärtchen aus Moos, Waldmeister, Königskerzen und wildem Sauerampfer fanden, die plötzlich an einen Ort hingezaubert worden waren, wo sie noch am Tag vorher nicht gewachsen waren. Man sagte, Tullynashee habe keinen Besitzer, während doch sonst jeder Fleck Islands einem Grundherren gehörte.

Patrick meinte, sie sollten Handy Andy danach fragen, ihren Tischlerfreund, der am Waldrand lebte und so klein war wie die Kinder, aber weise und geschickt. »Tullynashee heißt

Elfenwald. Er gehört denen, die ihn seit Urbeginn bewohnen, lange bevor Kilcormac gebaut oder ein Acker gepflügt wurde. Nie ist dort ein Baum gefällt worden. Er erneuert sich von selbst.« Gespannt lauschten die drei Freunde dem »Bodachan«*, der älter war als die Dorfleute. Selbst die Greise hatten ihn in der Kindheit als alten Mann gekannt.

»Aber sind die denn nicht alle schon tot nach sovielen Jahren?« fragten die Kinder. »Habt ihr noch nie etwas von den Unsterblichen vernommen?« lautete die Gegenfrage. »Meinst du das Kleine Volk?« zögerte Eileen und schaute rasch über ihre Schulter, denn der Wald war nahe und sie fürchtete, jemand möge sie hören. »Ja, genau richtig, und wenn ihr wollt, solltet ihr sie das ›Gute Volk‹ nennen, das wäre besser.«

»Und deshalb heißt er Tullynashee«, meinte Jimmy nachdenklich. »Das ist wahr, genauso wie ich Handy Andy heiße«, und die hellen Augen blitzten vergnügt in dem zerfurchten Gesicht. »Ich kann mehr Dinge schaffen als ihr glaubt und auch nicht nur mit meinen zwei Händen!«

Dann begann er auf merkwürdige Art zu singen. Es klang fast, als spiele eine Harfe.

»Handy Andy wohnt allein,
in einem Haus, daß ist nicht aus Stein.
Er und die Katz' und das bunte Huhn
können mehr als ihr Handwerk tun,
sie lebten zusammen
seit die Welt begann.«

»Bist du wirklich so uralt?« staunte Patrick und ein zweiter Vers begann:

Der Adler der fliegt über Knocknashee
ist weder so alt noch so jung wie ich,
der Lachs, der schwimmt in Owenawehn,
ich sah ihn kommen, ich sah ihn gehn.«

»Das ist ein seltsames Lied. Es gefällt mir, aber was es bedeutet, versteh' ich nicht.« Patrick seufzte. »Das schadet ja

---

* Bodachan oder Bodak heißt »alter Mann« auf gälisch.

nichts, Poesie ist mehr als Mathematik. Man braucht es nicht zu verstehen, solange man's gerne hört. Sonst soll man keine Gedichte lesen.« Damit beugte er sich zu seiner Katze hinunter und streichelte sie zärtlich. »Na, hast du auch gelauscht? Wo hast du unser Huhn gelassen?« Katty Beg blinzelte mit ihren grünen Augen, miaute, und unmittelbar darauf flog Blatherumskite herein. Andy legte seinen Hammer hin, nahm die Schürze ab und sang:

»Wenn Huhn und Katze beisammen sind,
ist's Zeit zum Essen für Tier und Kind.
Wenn Kater und Huhn beisammen stehn,
sollen die Kinder nach Hause gehn.«

»Gute Nacht, gute Nacht!« riefen die drei und liefen durch den hellen Abend ins Dorf hinunter. Noch im Traum vernahmen sie die Stimme des alten Freundes am Berghang. Seine Worte hafteten in ihren Gedanken.

Ein paar Tage später waren die Kinder auf ihrem Weg zum Wald plötzlich stehen geblieben. Sie hatten heftiges Schluchzen gehört, danach eine jammernde, klagende Stimme: »Oh weh, oh weh, s'wird mein Ende sein! Sie ermordet mich noch!« Die Kinder liefen rasch zurück, bogen hinter dem alten Holunderbeerbaum um die Ecke und sahen dort ein Weiblein aus der Tür einer armseligen Hütte wanken, die paar Stufen hinunter humpelnd, um einer zweiten Frau zu entkommen, die mit erhobenem Besen hinter ihr dreinkam, als wolle sie jeden Augenblick zuschlagen. Der Anblick der drei Menschenkinder hemmte aber die Tat. Die Frau zog sich keifend zurück, während das Weiblein auf einer Bank niedersank. »Ihr habt mir das Leben gerettet, Gott segne euch. Erschlagen wollte sie mich. Was soll ich nur tun? Wo soll ich nur hin? Kein eignes Haus, keine Ruhe bei Tag und Nacht, oh weh, oh weh . . .«

»War das nicht Anne Foley? Wohnst du denn bei der? Wir haben dich noch nie im Dorf gesehn. Wo kommst du her?« Patrick der Gründliche wollte gleich alles auf einmal wissen. Das Weiblein mühte sich, vernünftig zu antworten. Sie wischte sich das graue Haar aus der Stirn und flüsterte: »Ja ja, es ist Anne Foley, meine Cousine dreimal um die Ecke und meine einzige Verwandte. Mein Mann ist tot. Unser Haus ist an andere Leute gegeben worden, weil ich ja die Feldarbeit alleine nicht machen kann. Die Fremden ernten jetzt mein Gemüse. Die Hühner legen für sie und ich habe nichts, gar nichts nach all den Jahren Arbeit. Mein Mann war gut zu mir. Das Haus war so warm und gemütlich und immer blitzsauber. Nun muß ich hier bei Anne unterkriechen, und sie will mich nicht haben. Ich muß alle Arbeit tun und darf nicht einmal meinen Haferbrei in Ruhe essen.« Sie wiegte sich hin und her. Tränen rannen über die Furchen ihres Gesichts, und Jimmy fragte mitleidig: »Bist du denn sicher, es gibt kein anderes Haus für dich?« »Kein Haus in der weiten Welt, mein Kind, keinen Platz für ein altes Mütterchen. Die Welt ist grausam. Hätt' ich nur eine Hütte, nur ein kleines Hüttchen für mich, wie glücklich wäre ich. Was brauche ich schon? Ein bißchen Torf fürs Feuer, einen Topf für die Suppe und vielleicht ein Kätzchen zur Gesellschaft.« Eileen dachte nach. »Es muß doch irgendwo ein leeres Haus geben? Hast du schon gesucht?«

»Überall, von Tür zu Tür, nicht einmal ein Zimmer ist leer. Die gute Frau Malone hätt' mich ja gerne genommen, aber mit sieben Kinderchen ist ihr Haus schon mehr als voll. Ach, Anne Foley wird von mir bezahlt für das bißchen Brot und Suppe, aber sie kriegt Wutanfälle. Es ist zum Herzerbarmen. Ich rate euch, lauft fort, sonst schimpft sie, weil ich mit euch rede.«

Bedrückt schlichen die Kinder davon. Jedes hatte das Gefühl, die Alte habe die Wahrheit gesprochen und nicht übertrieben. Aber wer konnte ihr helfen? Ob Andy Rat wußte? Kaum hatten sie das Dorf hinter sich gelassen, da sahen sie ihren Freund schon vor seinem Häuschen stehen und seine Pfeife rauchen. »Was macht ihr nur für traurige Gesichter? Erzählt mir doch, was los ist, vielleicht kann ich euch helfen.« Eileen berichtete: »Wir haben eine arme Frau getroffen. Sie hat geweint, weil sie bei der bösen Anne Foley wohnen muß.« Patrick fügte nachdenklich hinzu: »Sie will ein kleines Haus haben, aber wer kann ihr eins verschaffen? Es steht ja nirgends etwas leer.« Da wurde Jimmy ganz aufgeregt und rief: »Kannst du keins für sie bauen?« »Nein, ich kann's nicht; aber ihr drei zusammen, ihr könntet es wohl schaffen!«

Das gab eine Aufregung. Alle redeten durcheinander, begeistert von der Idee, aber ahnungslos, wie sie es anstellen könnten. Andy ließ sie sich setzen, füllte umständlich die Pfeife und begann zu erzählen. »Es gibt viele Arten von Häuser. Einige sind aus Holz, andre aus Stein und wieder andere aus geflochtenen Zweigen und Lehm oder Backstein. Habt ihr aber schon von einem Haus gehört, das aus Gedanken gebaut worden ist?«

Verblüfft schauten die Kinder sich an. Nein, davon hatte keines etwas gehört. »Eure Eltern haben um euch herum ein Haus gebaut aus lauter Fürsorge und Güte, ein Haus, in dem ihr euch geschützt fühlt und wo all das zu finden ist, was ihr braucht und darüber hinaus alle die Dinge, die ihr gerne habt. Ein Haus aus Liebe.« »Aber darin kann die alte Frau doch nicht wohnen! Die braucht ein richtiges Haus.« »Immer langsam. Ihr stimmt mir aber zu, daß gute Gedanken und gütige Taten andere Leute beschützen können?« »Ja, das glaube ich«, meinte Eileen, und ihre Wangen glühten. »Und daß Wut und Zorn und Geiz andere Leute unglücklich machen können?« »Natürlich, das stimmt schon«, bestätigten die Kinder. »Anne Foley braucht keinen Besen, um das arme Weiblein umzubringen, Gemeinheit und Haß genügen. Ihr braucht keine Backsteine, um selber ein Haus zu bauen, euer Mitleid und eure Liebe genügen.« Begeistert sprangen alle drei Kinder auf und bestürmten Andy. »Sag uns, was wir tun sollen«, baten sie. Andy klopfte die Pfeife aus und lächelte ermunternd. »Kommt mit mir, ich will euch zeigen, wie ihr das Haus bauen könnt, ihr ganz allein.«

Er führte sie in den Wald hinein, der ihnen heute schöner als je zuvor erschien. Heckenrosen blühten, Je-länger-je-lieber duftete betörend, hoher Fingerhut wuchs an einem Weg, den sie nie gesehen hatten. Bald erreichten sie eine kleine, offene Lichtung, wo einige Steine im Gras lagen. »Da seht ihr's!« sagte Andy und wies auf die Steine hin. Sie sahen aber nichts weiter, als rechteckige Steine am Boden verteilt. »Wandert einmal rund um die Steine herum«, ermunterte Andy. Gehorsam schritten die Kinder um die flachen Steine herum, bis Patrick plötzlich einen Luftsprung machte. »Jetzt seh' ich es! Das ist der Plan für ein Haus.« Tatsächlich ergaben sich zwei rechteckig ausgesparte Räume, mit einer Lücke für eine Tür. »Ja richtig, hier sind die Grundmauern eines wohlgeplanten Hauses.« Andy blinzelte vergnügt. Auf die Frage, wer wohl diese Fundamente gelegt hätte, erwiderte er wie selbstverständlich: »Ihr natürlich, wer denn sonst?« »Aber wir haben doch gar nichts davon gewußt? Wir sind doch überhaupt noch nicht hier im Wald gewesen.« »Das nicht, aber als ihr so sehr der alten Frau helfen wolltet, da habt ihr schon die erste Grundlage für ihr Häuschen begonnen. Genauso müßt ihr weiter daran arbeiten, mit guten Gedanken und hilfreicher Liebe.« »Jetzt gleich? Heute noch?« Jimmy konnte kaum warten, aber Andy meinte, es brauche wohl ein wenig länger, und es käme ganz auf sie selber an, wie schnell es fertig würde. Jede Mühe, anderen zu helfen oder jemanden froh zu machen, würde helfen. Jede Selbstsucht oder Ungeduld würde schaden, ja, selbst die Grundsteine würden verschwinden, wenn sie in Wut gerieten oder gemein zu jemanden wären.

Es war alles höchst merkwürdig. Als die Kinder fragten, ob sie jeden Tag hierherkommen dürften, um nachzusehen, wie das Haus wachsen würde, war die Antwort nur: »Wenn ihr es finden könnt, ja.« Gemeinsam gingen sie heim und bemühten sich, genau auf den Weg zu achten, vor allem auf den Zugang, an dem Weißdorn wuchs und im Gras wilder Sauerampfer blühte. Eileen bemerkte zu Hause zum erstenmal ganz bewußt, wie voller Wäsche die Leinen im Garten hingen. Sie sah ihre Sommerkleider, Patricks Hemden und Hosen, die großen Bettlaken und Geschirrtücher. Sie fühlte, wie trocken alles war, reckte sich hoch und nahm die Wäsche ab, faltete sie so gut sie konnte und sprenkelte die Stücke, wie sie es bei ihrer Mutter gesehen hatte. Patrick nahm seine kleine Axt und spaltete Scheite, stapelte sie sorgfältig auf und trug einen Korb mit Torf ins Wohnzimmer. Beim Abendbrot war eine gute Stimmung. Beide Kinder spürten die Dankbarkeit der Eltern; doch von dem Plan im Walde sprachen sie nicht. Dafür beteten sie doppelt so lange wie sonst. Patrick mühte sich, im Geist das Haus zu durchdenken, die zwei Zimmer zu planen, Dach und Schornstein vorzustellen und die nötigen Möbel.

Jimmy fand keine Arbeit und wanderte dem Dorf zu, als eine Kinderstimme an sein Ohr drang. Er fand einen kleinen Jungen mit verschmiertem Gesicht, der offenbar seinen Weg verloren hatte. Im Nu hatte Jimmy seine Tränen getrocknet und die Hände abgewischt. »Wie heißt du?« fragte er. »Billy Malone«, kam die Antwort. Gemeinsam wanderten sie auf das Schulhaus zu, neben dem die Familie Malone wohnte. Bald hörten sie Rufe. Kaum waren sie um die Ecke gebogen, sahen sie auch einen Trupp Kinder in allen Größen, die nach Billy riefen. Dahinter erschien Frau Malone, auf die Billy zulief, um von ihr in die Arme genommen zu werden.

»Mary, füll' den Kessel, und stelle auch eine extra Tasse für Kitty Sheehan auf den Tisch.« Neugierig fragte Jimmy: »Ist das die alte Witwe, die bei Anne Foley lebt?« »Ja, ja, das arme Weiblein ist zu stolz zum Betteln. Wir laden sie gerne ein. Sie ist ehrlich und hat ihr Lebtag nur geschafft und hat's jetzt schwer. Aber was kann unsereins tun?« Jimmy wollte gerade davon sprechen, wie er mit seinen Freunden ein Haus bauen wollte, als das Mütterchen um die Ecke bog. Der Junge machte den Mund auf, doch kein Wort kam heraus. Statt dessen schaute er sie genauestens an und beobachtete ihre tausend Lachfalten, ihre treuen Augen und die Art, wie sie jedes der Malonekinder herzlich begrüßte.

Am nächsten Tag erzählten sich die Freunde gegenseitig, was sie erlebt hatten. Sie stimmten darin überein, niemandem etwas zu sagen, ehe das Haus fertig sei und nicht mit den Arbeiten zu prahlen. Es war ein ganz neuer Gedanke, daß Schweigen eine Kraft sein kann. Sie waren hochgemut, als sie in den Weg einbogen, wo der Weißdorn stand. Es war als seien alle Vögel gekommen, um sie zu begrüßen. Die Zweige waren voller zwitschernder, singender, flügelschlagender Kreaturen. Plötzlich sahen sie das Huhn Blatherumskite und die Katze Katty Beg einherstolzieren und in die Lichtung einbiegen. Ein Schrei der Überraschung entfloh den Lippen der Kinder. Das Haus war gewachsen. Die vier Wände des Hauses waren drei Fuß hoch, der Türrahmen, die Fenstersimse waren sichtbar. Sie liefen so rasch sie konnten näher und traten ehrfürchtig ein. Es waren vier Räume angedeutet, zwei lagen rechts und links der Eingangstür, zwei dahinter. Ein kleiner Flur verband die Öffnungen für alle Türen.

»Frau Kitty Sheehan wird selig sein«, meinte Jimmy träumerisch. Seine Freunde fragten erstaunt, woher er ihren Namen wisse. Er beschrieb ihren Besuch bei Frau Malone, wie anders ihr Gesicht erschien, wenn sie nicht weinte und wie herzlich sie die Kinder begrüßt hätte. »Vielleicht habe ich bei diesen Mauern mitgeholfen, während ich Billy nach Hause brachte. Ihr habt mit Holzhacken und Wäschefalten auch beigetragen. Wenn wir so weitermachen, ist das Haus bald fertig.« Die Katze miaute ihre Zustimmung, das Huhn gackerte wie nach dem Eierlegen.

»Ach, es ist ja auch möglich, daß Andy in der Nacht alles alleine getan hat«, fügte Patrick hinzu. Die beiden Tiere drehten sich wütend um und marschierten zurück. Die drei lachten und ernteten dafür einen zornigen Blick der Tiere. »Sie verstehen, was wir sagen! Wir müssen vorsichtig sein, sie wollen die Wahrheit hören«, bemerkte Eileen. Da sahen sie Handy Andy persönlich heranspazieren, zufrieden schmunzelnd. »Gefällt euch das Haus? Es ist alles eure eigene Arbeit.« »Kitty Sheehan wird sich freuen, es ist genau richtig für sie, wenn erst das Dach drauf ist«, rief Jimmy. »Wir sollten aber auch einen Garten machen, so einen kleinen Vorgarten für Blumen . . .« Noch während er sprach bewegte sich die Erde. Es war so, als ob sich der Boden reckte und streckte und an zwei, drei Stellen flache Erhebungen hochschüttelte. »Das sollen die Blumenbeete werden!« rief Eileen begeistert, »Kommt nach Hause und holt eure Spaten.«

Andy führte die Kinder jedoch in sein eigenes Haus. Zwar nicht in seine Werkstatt, sondern in das Wohnzimmer, wo ein Schaukelstuhl stand, ein bequemes Sofa und warme Kissen.

Huhn und Katze folgten und suchten sich ihre Plätze. Andy legte Torf auf das Feuer, ehe er sich im Schaukelstuhl zu wiegen begann. Die Kinder machten es sich auf dem Sofa gemütlich und schauten aus dem Fenster, wo ein leichter Sommerregen begann. Es war so still, nur eine Fliege summte und der Torf hißte leise im Kamin. »Ich bin gerade dabei, eine Wiege zu zimmern. Ihr sollt das rechte Lied dazu hören«:

Shoheen, Sho-lo, die Mutter rief,
Shoheen, Sho-lo, der Schlaf ist tief.
Die Mutter will dem Kinde singen,
die Schatten über das Feuer springen,
auf die Wände und über die Decke,
Flammenzungen die Schatten lecke!
Elfen singen tief im Traum,
die Wiege wiegt sich selbst im Raum.
Shoheen, Sho-lo, die Nacht ist tief,
aus Urzeiten ein Märchen rief.«

Die Köpfe nickten, Augenlider schlossen sich, der Atem wurde regelmäßig. Die Kinder fielen in einen sanften Schlaf. Danach regnete es zwei Tage lang. Die Kinder waren nach ihrem erfrischenden Schlummer heimgelaufen und ertrugen die Wartezeit nur ungern. Als endlich die Sonne wieder schien, nahmen die Eltern Patrick und Eileen mit zur Stadt, Schuhe zu kaufen und Jimmy war allein. Er bat um Kekse und Saft, schlich sich zu Anne Foleys Hütte und wartete hinter einer Hecke, bis er Kitty sah. Sie nahte mit einem schweren Korb. Er winkte ihr. Die gute Alte war beglückt über die Freundlichkeit, knabberte die Kekse und trank Saft, als wär' es der beste Wein. Ihre Augen leuchteten und sie dankte dem Jungen; doch da kam Anne Foley aus der Tür, sah die beiden und schimpfte drohend. Jimmy floh, er rannte zum Wald und fand den Pfad, bog in die Lichtung ein und schaute nach dem Bau. Ja, er war gewachsen. Die Fenster waren eingesetzt, der Garten hatte richtige Beete, und ein Zaun war aufgetaucht. Jim sammelte Tannenzapfen, rupfte Unkraut aus und fegte den Weg mit Zweigen. Höchst zufrieden wanderte er heim. Er kam gerade rechtzeitig, um die beiden Freunde zu treffen, die, müde und heiß von der Stadt, Jimmy beneideten, weil er die Gelegenheit gehabt hatte, den Zauberwald zu besuchen. »Geschuftet hab' ich«, prahlte Jim, übertrieb was er getan hatte und log, er habe von seinem Taschengeld der alten Kitty Kuchen und Saft gekauft. Niemand konnte später genau sagen, was danach passierte. Jedenfalls balgten die drei Kinder sich am Boden, zogen sich an den Haaren, schimpften und brauchten Ausdrücke, die sie von Anne Foley gehört hatten. Patrick kriegte einen Wutanfall, denn Eileen hatte die Schokolade alleine aufgegessen, die ihre Mutter zum Teilen bestimmt hatte. Sie wurden hungrig ins Bett geschickt. Jimmy meinte, er wolle die beiden nie wieder sehen.

Der Sonnenaufgang lockte die Kinder ins Freie. Sie beschlossen, gleich nach Tullynashee zu laufen, um ihr Haus zu sehen, konnten aber den Weg nicht finden. Sie stritten sich, wo der Pfad begann und wollten schon Andy als Schiedsrichter rufen. Da tauchten plötzlich dessen Tiere im Dickicht auf, miauten, gackerten, ja man kann sagen, sie schimpften. Die grünen Augen von Katty Beg sprühten Feuer. »Etwas ist los, der Wald ist ganz anders«, sagte Patrick ärgerlich.« Überall sind Brennesseln, und mir tun die Beine weh. Ich hab' das Gefühl, als wenn lauter Wesen uns Hindernisse in den Weg legen.« Sie zwängten sich zwischen Steinbrocken hindurch, kletterten über Brombeerranken, folgten den aufgeregten Tieren und kamen schließlich zur Lichtung. Dort erwartete sie ein noch größerer Schrecken: das Haus war zerfallen, die Fenster lagen im Gras, der Garten war verschwunden, und von dem Zaun waren nur noch ein paar schiefe Pfosten übrig. »Wie gemein! Wer hat das alles kaputt gemacht?« rief Patrick empört. Huhn und Katze deuteten auf die Kinder und hißten. »Wir selber haben das getan, wir haben gestritten«, gestand Eileen. Jimmy aber wurde wütend, nahm einen Stein und zielte auf den Kater.

Noch ehe er sein Opfer bewerfen konnte, vernahm er hinter sich einen Krach. Rasch schaute er sich um und erblickte die hölzerne Tür, die flach auf den Boden gefallen war. »Siehst du! Jetzt wird das Haus völlig zerstört und Kitty bleibt obdachlos. Und es ist unsere eigene Schuld.« Beschämt ließ Jim den Stein fallen. Er tröstete Eileen mit dem Versprechen in Zukunft, doppelt so nett zu sein.

Bald fanden die Kinder eine Möglichkeit, ihr Mitleid zu zeigen. Eine Drossel hatte den Flügel verletzt und flatterte hilflos am Boden. Katty Begs Augen glühten. Der Vogel war in Gefahr. Mit Mühe fingen sie die Drossel ein, banden den Flügel mit einem Taschentuch vorsorglich fest und kehrten mit dem Invaliden den Weg zurück. Noch hatten sie die Lichtung kaum überquert, als sich die Tür, wie von Zauberhand gehoben, aufrichtete und in die Scharniere einschob.

»Guck 'mal, die Tür ist wieder heil! Vielleicht wird noch alles gut«, rief Eileen und folgte den Jungen. Ohne Mühe fanden sie den Pfad, als habe eine gütige Hand die Brombeeren und Brennesseln fortgeräumt. Kater und Huhn wanderten hochmütig voran. Die Prozession erreichte bald die Werkstatt von Andy, der sich des Vogels annahm. Er schiente den gebrochenen Flügel und setzte die Drossel in einen Käfig. Mit einem Blick auf Katty Beg, riet er zur raschen Heimkehr.

Wer je eine Drossel füttern mußte, kann sich gut vorstellen, welche Arbeit die Kinder in den nächsten Tagen hatten. Sie gruben nach Würmern, und bald sah der Garten pockennarbig aus. Sie füllten beschämt die Löcher wieder zu. Die Drossel wurde zahm und weckte den Haushalt früh am Morgen, rief nach Frühstück, Lunch und zwischendurch nach Leckerbissen. Der Flügel heilte gut, und nach drei Tagen entschlossen sich die Freunde, mit dem Vogel und einem Picknick nach Tullynashee zu gehen. Weder Katze noch Huhn tauchten auf. Der Wald war erfüllt vom Zwitschern der Vögel. Überall leuchteten Blumen am Wegrand: Primeln, Veilchen, Goldraute und dazwischen Farnkräuter.

»Hier scheint Frühling und Sommer gleichzeitig zu sein«, meinte Eileen und beugte sich nieder, um einige Pflanzen sorgfältig mit den Wurzeln auszugraben. Sie dachte an den kleinen Garten und lief zurück zu der Stelle, wo sie wilde

Erdbeeren gesehen hatte. Darüber würde Kitty sich freuen. Aber sie konnte die Pflanzen nicht alleine tragen. Die Jungen bezähmten ihre Ungeduld, trabten mit dem Käfig in den Händen zu ihr. Schwer beladen mit ihrer Last, bogen sie endlich in die Lichtung ein. Sie erschien ihnen größer, aufgeräumter und das Haus lachte sie an, so schien es den Kindern; denn die Sonne glänzte in den Fenstern, die Tür war frisch gestrichen, das Dach war warm wie eine Wollmütze über die Giebel gestülpt. Sogar ein Schornstein reckte sich in den Himmel. Keines von den Kindern wagte es, hineinzugukken, ehe nicht die Blumen eingepflanzt waren. Auch die Beete hatten sich deutlich abgehoben. Die Erde war locker, frischer Tau lag auf dem Gras. Die Drossel schien höchst zufrieden mit den vielen Würmern, die beim Graben auftauchten. Eileen hatte eine Ranke Je-länger-je-lieber entdeckt. Sie buddelte ein Loch in den Grasstreifen am Haus, steckte die Wurzeln hinein und heftete die Ranke zwischen Steinritzen. Die Jungen bewunderten ihr Werk. Kaum hatten sie ihr Lob ausgesprochen, da streckten sich neue Zweiglein hervor, tasteten nach einem Halt an der Mauer, und eine erste Knospe entfaltete ihre rotgelbe Blüte. Süßer Duft durchströmte die Luft.

Sprachlos schauten die drei einander an. Wo waren die unsichtbaren Helfer? Auf Zehenspitzen traten sie in den Gang, öffneten vorsichtig die Türen, staunten darüber, wie glatt die Wände drinnen waren, wie groß die leeren Zimmer schienen. In der Küche stand ein Herd und ein Geschirrschrank, aber kein Feuer brannte, der Schrank wartete auf Teller und Tassen. »Können wir unser Picknick hier in der Küche essen?« fragte Jimmy hoffnungsvoll. »Es ist viel zu früh, erst müssen wir die Zimmer schön machen«, antwortete Eileen und warf einen Hausfrauenblick in alle Ecken. Jimmy erinnerte sich an die Tannenzapfen und Kiefern, die er gesammelt hatte und brachte einige herein, um sie fürs Feuer in den Herd zu legen. »Gib mir ein paar«, bat Eileen und stellte aufrechte Zapfen auf die Borde im Schrank, dazwischen kleine, runde Kiefernzäpfchen. Dann liefen sie auf die Lichtung und pflückten Blumen, sammelten saftgrünes Moos

und fanden dabei reife Pilze. Mit dem Moos schmückten sie die Fensterbretter. Gleich sah die Küche bewohnter aus. Das Picknick schmeckte großartig. Sorgfältig gruppierten sie die Blumen in den Tassen. Als sie fertig waren, legten sie die Pilze in den Schrank und besprachen, eine Pfanne mitzubringen, um sie beim nächsten Besuch zu braten. Patrick aber bremste den Eifer.« Solange es kein Wasser gibt, können wir auch nicht kochen.« Verblüfft schauten die Jüngeren sich an: Wasser? Daran hatten sie nicht gedacht. In die Stille hinein schickte Eileen ihr lautloses Gebet. Jimmy sagte zuversichtlich: »Ach, wenn alles andere fertig ist, wird wohl auch eine Pumpe kommen. Die Drossel begann plötzlich zu singen. Ihr Lied füllte die kleine Küche. Heiter liefen die Kinder hinaus in den Sonnenschein, rund um das Haus herum und dann um den Garten. »Wir müssen noch Holz sammeln!« rief Patrick. Tullynasheen hatte genug Feuerholz, um einen kleinen Vorrat am Giebelende aufzustapeln. »Kitty wird sich freuen«, meinte Eileen träumerisch. Die Jungen suchten nach einem Platz für die Pumpe und gruben ein Loch, aber kein Wasser kam zum Vorschein. Schweigend schickten auch sie ein Gebet dorthin, wo die Wunder geschehen.
Mit dem Vogelkorb wanderten die Kinder durch den Wald zurück. Jeder hing seinen Gedanken nach, bis die Stille von einer bekannten Stimme unterbrochen wurde. »Oh weh, oh weh, es wird mein Ende sein!« Vom Dorf herauf wankte Kitty Sheehan, wischte ihre Tränen mit der Schürze ab und schluchzte herzerweichend weiter. Das Tuch war schon ganz naß und sie sah die Kinder erst, als sie vor ihnen stand. »Mein Elend ist zu groß, ich kann keine Nacht mehr bei Anne Foley bleiben. Hier, seht euch die blauen Flecken an. Sie schlägt mich noch tot. Frau Malone will mich heute aufnehmen, doch was dann? Lieber schlaf' ich im Wald, als unter dem Dach dort.« Sie wies zur Hütte zurück, wo man gerade noch den Rücken der heftigen Anne sehen konnte.
Die drei tauschten Blicke aus. Eileen und Jimmy nickten dem Ältesten zu. Er sollte der Sprecher sein. »Bitte nicht weinen, wir haben, vielleicht, ein kleines Haus für dich. Es ist noch nicht ganz fertig, aber das Dach ist schon drauf.« »Und ein

Herd ist in der Küche«, warf Eileen ein. »Und Feuerholz auch«, fügte Jimmy tiefbefriedigt hinzu. Das Weinen versiegte. Ungläubig schaute das Weiblein die Kinder der Reihe nach an. »Ihr spottet doch nicht?« Sie schüttelten den Kopf. »Wir kommen morgen um drei Uhr zu Frau Malone und holen dich ab. Wenn es dir paßt.« »Oh ja, oh ja, keine Sorge, Kitty Sheehan wird fix und fertig sein und auf euch warten. Keine Sorge.« Eine letzte Träne rollte über die Falten. Die Augen begannen zu glänzen. Hoffnungsvoll kehrte sie zum Dorf zurück.

»Wenn aber morgen noch kein Bett da ist? Was dann?« In die ratlose Stille hinein läuteten die Abendglocken. Der gleiche Gedanke erfüllte die Kinder. Sie rannten in Windeseile zur Kirche, wo ein paar Frauen zum Vesper versammelt waren. Ein Lied wurde gesungen. Der Pfarrer schlug die Bibel auf und las den Text: »Bittet, so wird euch gegeben, klopfet an, so wird euch aufgetan.« Mit größerer Inbrunst hatte keines der Freunde je gebetet. Morgen würden sie die Antwort haben.

Bevor sie sich trennten, warnte Patrick noch kurz, zu Hause auch ja alle Arbeiten gut zu machen. Die anderen nickten. Sie waren müde. Sie waren hungrig, aber ihre Gemüter waren erfüllt von Plänen, Wünschen und Hoffnungen. Beim Tischdecken, Holzholen, Abwaschen und Aufräumen gingen die Gedanken zum Haus in Tullynashee. Eileen dachte an Möbel, Jimmy an Holzscheite und Torf, Patrick aber an den besten Ort für eine Wasserpumpe. Bevor sie ins Bett gingen, fütterten sie die Drossel. Der Vogel schien geheilt zu sein. So guter Dinge hatten sie ihn noch nicht gesehen.

Ein leichter Regen fiel am nächsten Tag in der Sommerwärme. Die drei Freunde staunten mit weitoffenen Augen. Ein doppelter Regenbogen spannte den Himmel über Tullynashee. Die Farben leuchteten wie frisch gemalt. An allen Zweigen hingen funkelnde Tropfen, und jeder Tropfen schien die Regenbogen widerzuspiegeln. »Der Wald freut sich«, seufzte Eileen vor lauter Glück. Der gewohnte Weg schien breiter. Eichhörnchen flitzten von Ast zu Ast, Hasen hoppelten ihnen voran, die Lichtung war festlich geschmückt mit hellen Margeriten und rotem Mohn. Ein gepflegter Fußpfad führte zu ihrem Haus. Mit angehaltenem Atem betraten sie den Flur, der neue Fliesen aufwies. Die Wände waren geweißt. In der Küche stand ein Tisch aus Holz. An den Fenstern hingen blauweiße Gardinen. Eine Uhr tickte auf dem Kaminsims. Eileen stellte die mitgebrachte Bratpfanne auf den Herd und sah sich um. Ach, es war schöner als in ihren kühnsten Träumen! Die Jungen liefen ums Haus, um Scheite zu holen und Zweige zum Feuermachen. Es kostete Mühe. Sie bliesen, bis die Backen wehtaten. Endlich knisterten die Flammen. Daraufhin hörten sie ein merkwürdiges Geräusch. Die Pilze hüpften von dem Schrank herunter, begannen zu wachsen und wölbten sich zu Hockern. Eine Seite wuchs weiter in die Höhe und formte Rückenlehnen, bis sechs solide Stühle um den Tisch standen. Die kleinen Kiefernzapfen sprangen zu den sechs Plätzen, wurden zu Tellern, andere zu Tassen. Ein dicker Tannenzapfen rundete sich, kriegte einen Henkel, und da stand schon eine braune Teekanne bereit; Zuckerdose und Milchkännchen folgten. Die Kinder jubelten. Sie öffneten die Fenster weit und riefen »Danke« in den Elfenwald.

Es gab noch viel zu tun. Sie bemerkten in ihrem Eifer kaum, wie sich eine Prozession dem Häuschen näherte. Voran die Katze, dahinter das Huhn und natürlich Handy Andy, ihr weiser Freund. Er stand auf der Schwelle und lächelte zufrieden. »Gefällt euch das Haus?« fragte er. Die Kinder strahlten. Er stellte einen blanken Kupferkessel auf den Herd und bat um Wasser. Ratlos schauten sich die Buben an. Dann gingen sie um die Giebelecke, wo sie das Loch gegraben hatten und fanden zu ihrer Überraschung eine Pumpe mit einem Schwengel. Darunter stand ein Eimer. Daraus wurde der Kessel gefüllt. Bald darauf begann er leise zu summen, und es mußten Scheite nachgelegt werden.

»Kommt mit und bewundert die anderen Zimmer«, forderte Andy die Kinder auf. Sie fanden ein breites Bett mit Federkissen, Steppdecke und eine Kommode. »Da kann Kitty schlafen«, meinte Eileen zufrieden. Das nächste Zimmer hatte zwei Kinderbetten. In dem letzten waren Zuber und Waschstand mit Seife und Handtuch. Nichts war vergessen. Als sie zurück in die Küche marschierten, hatten sich die Borde mit Vorräten gefüllt: Butter und Brot, Rosinenkuchen und Eier, eine Tüte Mehl, Zucker und Tee.

»Dürfen wir Kitty holen?« fragte Patrick. Auf einen Wink von Andy liefen die beiden Buben schon aus dem Haus, während Eileen den Tisch fertig deckte. Kaum hatten die beiden Jungen die Kirche erreicht, kam Kitty schon mit einem Bündel aus Frau Malones Haus. Um sie herum schwärmten die vielen Kinder, die offenbar ihren Besuch liebgewonnen hatten. Ungeduldig warteten Patrick und Jimmy, bis alle Hände geschüttelt waren und Frau Malone noch eine Kanne Milch als Geschenk mitgegeben hatte. Dann aber drängten sie Kitty auf den Weg, erst den Abhang hinauf und dann in den Wald. »Tullynashee, ah, dorthin wird Anne Folley niemals kommen. Sie hat Angst vor dem ›Kleinen Volk‹. Mir sind sie immer gut Freund gewesen.« Kitty stand still, um Atem zu schöpfen. »Wie mit tausend Stichen, heftet das ›Kleine Volk‹ die sichtbare Welt an die unsichtbare«, zitierte sie und blinzelte ihren Begleitern zu. »Habt ihr das nicht gewußt? Dann könnt ihr von mir noch viel lernen. Wohin nehmt ihr mich aber jetzt mit? Es gibt doch kein Haus im Elfenwald. Ihr habt mir doch hoffentlich eine Tasse Tee aufgegossen? Der Weg macht durstig.«

Kaum bogen sie in die Lichtung ein, da flog die Drossel zu ihnen und hüpfte den Pfad zur neuen Heimat von Kitty Sheehan voran die mit offenem Mund das Wunder bestaunte: das Haus ihrer Träume, wohlgedeckt und mit blanken Fenstern, ein Gärtchen davor, eine Pumpe an der Giebelwand, Holzscheite aufgestapelt, und das Beste: eine Rauchfahne versprach ein Feuer, eine Tasse Tee und vielleicht einen Bissen zu essen, hatte sie doch kaum gewagt, den sieben Kindern von Frau Malone eine Kruste Brot wegzunehmen.

Das Weiblein betrat den Flur, öffnete die Tür zur Küche, staunte über den beladenen runden Tisch und holte tief Atem. »Dies ist dein Haus, Kitty Sheehan. Alles was drin ist gehört dir«, riefen die drei Freunde. Im Triumpf zogen sie mit ihr rund durch das Haus. In jedem Zimmer steigerte sich Kitty's Begeisterung. Als sie die zwei Kinderbetten sah, rief sie strahlend: »Für die Mädel von Frau Malone! Jetzt können sie mich besuchen und von mir das Spinnen lernen.« Andy nickte: »Bei mir steht noch ein Spinnrad, das darfst du gerne haben. Aber jetzt ist es Zeit für den Tee.« Plötzlich fiel ein Schatten über das alte Gesicht. »Wie hoch ist die Miete? Wie kann ich für all' dies bezahlen?« »Keine Angst, alles gehört dir allein, und in Tullynashee gibt es keine Mieten zu zahlen.« Da weinte und lachte Kitty, bis Eileen den bauchigen Teetopf nahm und ihr einschenkte. »Nun, Kitty, lädst du uns auch ein? Du bist die Gastgeberin.« Da öffnete sie beide Arme weit, wies auf die Stühle und sagte: »Willkommen im Elfenschwand.« Niemand ließ auf sich warten. Es gab Toast und Rührei und Pilze und Butterbrot, Rosinenkuchen und viele Tassen Tee für die Menschen, frische Milch für Katty Beg, Krümel für Blatherumskite und für die Drossel, die frei herumhüpfte.

Schließlich waren alle satt. Kitty war still geworden. Nachdenklich schaute sie sich in der hellen Küche um. »Dies ist ein wahres Heim für mich, schöner noch als unsere alte Cottage jenseits des Berges. Es ist ein Haus des Segens.« »Hast du auch keine Angst, ganz alleine hier zu schlafen?« fragte Jimmy besorgt. »Hier bin ich so sicher, wie nirgends auf der Welt.« »Das Haus ruht auf dem Fundament des Mitleids. Das Dach ist aus Liebe gebaut. Jedes Stück und jeder Stein kam aus einer guten Tat«, sagte Andy. Die Kinder liefen hinaus, um mehr Feuerholz zu holen und Kitty fragte leise: »Wie konnten die Kinder nur das Häuschen für mich bauen?« *»Nur Kinder haben das gekonnt. Kinder können glauben, und die Elfen lieben niemanden mehr als die, die an sie glauben. Die Welt würde anders aussehen, würde der Zweifel nicht soviel kaputt machen. Dies ist der letzte Elfenwald in Irland und von überallher kommen die Zwerge mit ihren Helfern aus Wasser und Luft, um unterzuschlüpfen, weil es immer dunkler im Gemüt der Menschen wird. Du aber bist ein Kind geblieben Kitty. Es wird dir an nichts fehlen, der Reichtum des ›Kleinen Volkes‹ ist unerschöpflich.«

Da kamen die drei Freunde schon wieder zurück, stapelten das Holz neben den Herd, und Andy begann mit seiner Singstimme ein altes Gedicht:

»Ein Haus gebaut aus Mitleid und Liebe,
ist fest gesichert gegen Diebe,
für jeden der wohnt an dieser Statt,
dies' Haus Fülle und Frieden hat.
Wer darin schläft und darin wohnt,
den Gott vor jedem Unheil schont.

Der törichte Töpfer

Es war einmal vor langer Zeit, als noch jedes Land einen König oder eine Königin hatte. Da lebte in einem Tal des südlichen Schottlands ein sehr seltsamer Mann, dessen Name vergessen ist. Er wurde von allen Menschen nur der törichte Töpfer genannt. Er war ein freundlicher Narr mit hellen, blauen Augen. Sein Gesicht hatte tausend Lachfalten. Sein dichter, roter Krausbart hatte wohl noch nie eine Schere gesehen. Das Wunderbarste an ihm waren seine geschickten Hände, die eine Zauberkraft zu haben schienen.

Der törichte Töpfer lebte mit seinem schwarzen Kater in einer strohgedeckten Hütte hinter einem Bauernhof. Er war sehr arm. Sein einziger Besitz waren eine drehende Töpferscheibe, ein Ofen zum Brennen der Ware und viele kleine Näpfe, angefüllt mit allen Farben des Regenbogens.

Auf dem Hof lebte eine Witwe, die ihre sieben Söhne mit Klugheit und Strenge erzog. Jeden Abend, wenn die Kinder schliefen, zündete sie eine Kerze für ihren Mann an. In dem sanften Licht fühlte sie seine Nähe. Alle Sorgen schienen leichter zu ertragen, wenn sie sich damit an den Verstorbenen wandte. So hatte sie eines Abends zu ihm gesprochen und dabei die Hände gefaltet: »Schicke mir doch einen Helfer für die Buben, sie werden zu groß, um sich von mir alleine erziehen zu lassen.« Voller Vertrauen war sie eingeschlafen.

Nicht lange danach war es geschehen, daß der damals noch junge Geselle in das Tal wanderte, wo auf allen Wiesen Schafe weideten und goldene Gerste im Halm stand, die blanken Fenster eines Bauernhofes einladend leuchteten und er an die Tür klopfte und um ein Glas Buttermilch bat. Er erzählte von seinem Wunsch, eine Töpferwerkstatt zu gründen. Die Witwe schaute in seine hellen Augen, die wie die eines Kindes waren, so ohne Falsch. Sie betrachtete seine kräftigen Hände und nickte Zustimmung. »Hinter dem Haus ist eine Hütte, wo Ihr ein Unterkommen findet. Ihr sollt uns herzlich willkommen sein.« Kaum war die Werkstatt eingerichtet, da drängten sich schon die Buben um ihn, bestaunten sein Werkzeug und stellten Hunderte von Fragen. Da wußte die

Witwe, daß ihr Bitten erhört worden war. Mit Freuden sah sie ihre Söhne beim Töpfer in die Schule gehen. Was aber lernten die Buben dort? Anfangs erzählte er ihnen Märchen von armen Kindern, die eine goldene Gans finden, von verborgenen Schätzen und mutigen Prinzen, von dummen Riesen und klugen Wichteln. Später aber erfand er abenteuerliche Geschichten von fliegenden Teppichen oder von sprechenden Vögeln, berichtete die Grals-Sagen, schilderte den runden Tisch des König Artus, die geheimnisvolle Gralsburg und den kostbaren Kelch, gerade so als habe er persönlich daraus getrunken. Während er sprach, formten seine Hände die Töpferwaren, und sieben Augenpaare beobachteten gespannt, was wohl dieses Mal aus dem rohen Klumpen Ton entstehen würde. War das Stück fertig, ging auch die Geschichte zu Ende. Die Kleinen mußten ins Bett, die Großen trugen Holz ins Haus, pumpten frisches Wasser, schlossen den Taubenschlag, fütterten den Wachhund und verrichteten alle Arbeit fröhlich, wie nie zuvor.

Morgens begleitete er jede Tätigkeit auf dem Hof mit seinen merkwürdigen Sprüchen, die seine Schüler bald auswendig wußten.

Segne Herr, meine kleine Kuh,
segne Herr, meine Sehnsucht.
Segne Du meine Freundschaft
und das Melken meiner Hände.

Segne Herr, jede Zitze,
segne meine Finger,
segne jeden Tropfen,
der in den Eimer fällt.

Gib die Milch,
du kriegst den Lohn,
Gras auf der Wiese,
milchige Stengel,
Musik auf der Leier,
Malz im Futter,
du mein Schatz.

Gib die Milch,
gewinne den Segen
des Königs der Erde,
des Königs der Meere,
des Königs der Himmel,
des Königs der Engel,
des Christus in den Wolken,
O du mein Schatz.

Gib deine Milch, mein Schatz,
ruhig und stetig,
gib deine Milch
im strömenden Fluß
deiner Euter.

So hatte er Verse zum Sammeln der Eier, zum Anzünden des
Herdfeuers, zum Säen der Samen, zur Ernte des Heues. Kein
Wunder, daß die Nachbarn den Mann töricht fanden! Gespannt warteten alle auf den ersten Markttag, an dem der
Töpfer seine Waren auf eine Schubkarre lud und sie den Berg
hinunter rollte ins Dorf hinein. Eine Menge Neugieriger
sammelte sich um ihn, aber nur wenige Stücke wurden
gekauft. Die Hausfrauen schüttelten ihre Köpfe über die
seltsamen Formen, die komischen Muster. Es war schier
unmöglich, in dem Angebot auch nur einen einzigen flachen,
unbemalten Teller zu finden. Figuren bildeten die Henkel der
Krüge, Rosen rankten sich um offene Schalen, kleine Mäuse
saßen am Rande der Becher. Die Kaffeekannen glichen
aufrechten Katzen, die man tatsächlich am Schwanz fassen
mußte, um einzuschenken . . . Mühsam schob er den schweren Karren wieder den Berg hinauf. In der Tasche hatte er
kaum Geld genug, ein Hemd zu kaufen. Die Witwe sorgte
dafür, daß er nie hungrig ins Bett mußte, und der Kater
kriegte auch täglich seine Milch als Dank fürs Mäuse-
fangen.
Die Witwe redete dem jungen Mann ins Gewissen. »Die
Sachen sind zwar sehr hübsch und lustig, die Leute im Dorf
haben jedoch ihr Leben lang nur von schmucklosem Stein-

gutgeschirr gegessen und wenn sie Teller sehen, auf denen Störche gemalt sind, die Frösche fangen, vergeht ihnen der Appetit. Macht erst einmal Waren, wie man's gewohnt ist, dann wird es verkauft.« Der Töpfer nickte, seine Hände gehorchten, und er fabrizierte Dutzende brauner Schüsseln, Becher und Krüge, auf denen nicht einmal ein Blümchen zu sehen war. Sein Gesicht wurde traurig, die Geschichten versiegten. Kam dann der Markt und seine Produkte fanden Anklang, dann spendierte er den Buben Krachmandeln, ein buntes Tuch der Bäuerin und pfiff vernügt. Am nächsten Morgen kamen die Farbnäpfe wieder hervor. Flinke Pinselstriche malten einen radschlagenden Pfau, zauberhafte Libellen, Blumen und Bienen auf ein Service, und er sang dabei. Kaum hörten die Burschen den Klang, da liefen sie schon herbei. Sie wußten, mit der Kunst sprudelten auch wieder Märchen und Geschichten hervor. Streng sah er sie an. »Habt ihr eure Arbeit getan, ist der Stall ausgemistet, der Garten umgegraben und das Holz gesägt?« Schuldbewußt kehrten die Buben um, saßen dann abends um ihren Freund und hörten blitzneue Abenteuer. Das waren Stunden! Unter dem dichten Bart quollen Worte hervor, zauberhaft und spannend, rührend und immer überraschend. Das Rad drehte sich, ein roher Tonklumpen nahm Gestalt an, wurde glatt und rund, höhlte sich aus, wuchs und streckte sich. Atemlos schauten die Kinder und lauschten, bis die Form vollendet, die Geschichte fertig war.

Es war ein liebliches, grünes Tal. Mancher Wandersmann kam durch das Dorf, gelegentlich ein Reiter, seltener noch eine Kutsche. Handwerker suchten Arbeit, darunter auch Töpfer, die im Wirtshof von dem törichten Töpfer erfuhren und seine Werkstatt aufsuchten. Mit unverholenem Erstaunen sahen sie die aufgestapelte Ware, die leuchtenden Farben, die seltsamen Formen. Sie fragten nach dem Geheimnis seiner Glasur, der Qualität des Tones, und er schenkte ihnen wohl ein Stück. Wie aber vermochten die Fremdlinge zu wiederholen, was er geschaffen hatte. Wenn jemand ihn drängte, doch in die Stadt zu ziehen, wies er auf die Buben und sagte: »Die Kinder hier brauchen mich.«

Damit hatte er Recht. Kein Tag verging, ohne daß er ihnen etwas Neues erklärte. Sollten die Karotten gesät werden, verlangte er ein Paar scharfe Scheren, schnitt den sieben Jungen die Haare, trimmte seinen Bart und sammelte sorgfältig jedes Härchen. »Verteilt die Haarschnipsel in den Rillen, dann kann kein Ungeziefer an die Wurzeln kommen«, sagte er. Und es stimmte. Tauchten Maulwurfhügel auf, grub er Flaschen dort ein. Der Wind orgelte darin so lange, bis alle Maulwürfe verzogen waren. Wollte die Witwe Kräuter pflanzen, schickte er die Söhne mit Eimern auf die Landstraße, wo sie Erde zwischen den Wagenfurchen holen sollten. Die Pferde hinterließen dort ihren Dünger. Kein Wunder, die Kräuter gediehen! Als eine Schneckenplage den Salat bedrohte, riet er, Kleie unter lose Kohlblätter zu streuen, und siehe da, die Schnecken krochen heran, fraßen den Köder und konnten am nächsten Tag gesammelt und vernichtet werden.

Er schickte die Kinder aus, die Samen wilder Blumen zu ernten und einen Garten anzulegen, wo Mohn, Storchschnabel, Waldmeister und Kornblumen wuchsen ... welch törichte Idee! Das Zeug wurde abgemäht und verfüttert. Es nahm nur Platz weg, meinten die Nachbarn. Der Hof aber gedieh. Nie war das Vieh krank. Die Vorräte verfaulten nicht und die Bienen brachten doppelt soviel Honig ein, wie anderswo. Dafür hing auch stets Wacholder im Bienenkorb, und der Stein, auf dem er stand, wurde jedes Jahr mit Fenchel, Ysop und Thymian gerieben. Ein Igel lebte in der Nähe und hielt Ungeziefer fern. Eine Kröte hatte ihre Wohnung unter einem Tontopf. Als Schutz für den Garten war ein Zeichen der Verschwiegenheit über dem Tor eingeritzt: eine Rose mit zwei Knospen. Das hielt Klatsch ab. Als in einem Jahr der Herbst ungewöhnlich viele Beeren brachte, prophezeite der Töpfer einen strengen Winter, und die Witwe bat ihn, einen neuen Kachelofen für das Haus zu bauen. Mit Freude ging er an die Arbeit. Er fertigte viele Kacheln an. Er malte darauf Bilder von der Erschaffung der Erde, der Versuchung Adam und Evas im Paradies durch die Schlange, Noah und die Arche mit allen Tieren, die man sich nur vorstellen konnte, und vielen anderen herrlichen Szenen aus dem Alten Testament. Die Arbeit wuchs ihm über den Kopf. Er bat darum, den zweiten Sohn Gavin als Lehrling anstellen zu dürfen, der geschickt war, still arbeitete und bald das schlichte Geschirr für den Markt alleine herstellen konnte. Auf ihren gemeinsamen Gängen in den Wald, um harziges Holz zum Brennen der Ware zu finden, erzählte der Meister ihm von seinen Erlebnissen als Schüler in der Stadt, der Qual, unter den gleichgültigen Augen des Lehrers jahrelang die gleichen Dinge herstellen zu müssen und wie es ihm in den Fingern gejuckt habe, etwas Neues und nie Dagewesenes zu schaffen. Gavin lernte die Farben zu mischen, die Pinsel aus Borste herzustellen und durfte sich an den Kacheln im Malen üben. Es war Schnee gefallen. Der vierschrötige Kachelofen war fertig und strahlte wohltuende Hitze aus. Im Rohr schmorten Bratäpfel, die Tiere im Stall waren versorgt, der Kater schlief als Gavin die Frage stellte, auf die der törichte Töpfer nie eine Antwort gegeben hatte, die Frage nach dem Geheimnis der Glasur. Da blitzten die Augen des Meisters: »Als meinem Lehrling werde ich dir diese Kunst zeigen. Zuerst aber mußt du hören, wie ich den feinen Ton entdeckt habe und meine Farben. Ob du es glauben wirst oder nicht, du hast ein Recht auf mein Geheimnis.

Mein Lehrmeister war hart und streng, er prügelte jeden, der ein Stück verpfuschte. Er zwang uns, stundenlang die gleiche Form zu wiederholen, bis die Finger steif wurden, wie vertrockneter Lehm. Deshalb meldete ich mich immer, wenn es galt, Tonerde oder Feuerholz zu holen. Seit Jahrzehnten grub man an der gleichen Stelle, wo grober Ton in Mengen zu finden war. Ich füllte die Eimer flink, um Zeit zu gewinnen und suchte stromaufwärts nach feinerem Ton. Weil es dort recht einsam war, pfiff ich gerne vor mich hin. Der Weg endete an einem runden Hügel. Dort setzte ich mich regelmäßig hin, aß mein Vesperbrot und ließ jedesmal ein wenig Brot, Käse oder ein Stück Apfel zurück, weil der Hügel wie die Wohnung der Feen aussah. Auf dem Heimweg mußte ich rennen, sonst gab es Schläge. Das hinderte mich nicht, das nächstemal wieder dorthin zu gehen.

Spät an einem Sommerabend lief ich aus der dumpfen Stadt, folgte dem Strom und wanderte zum erstenmal an dem grünen Hügel vorbei zum Moor. Bald planschten meine nackten Füße in braunem Sud. Plötzlich packte mich die Angst. Dieses Moor war gefährlich, schon mancher war darin versunken. Weit und breit war kein Mensch zu sehen. Niemand hätte einen Hilferuf gehört. Inbrünstig sprach ich ein Gebet, und es war, als käme eine unmittelbare Antwort: »Schau doch nach unten!«

Ich schaute und sah ein spannenlanges Männlein mit grüner Mütze und rostrotem Wams. »Mein Kind, hab' keine Angst, ich führe dich durch das Moor. Du wirst schon erwartet.« Verblüfft guckte ich den Zwerg an, der uralt und dabei höchst unternehmungslustig aussah. Mühsam zog ich beide Füße aus dem quelchenden Sumpf, während mein Führer auf zwei feste Grasbüschel hinwies.

Aus der Gefahr erlöst fand ich festen Grund zum Stehen. Dankbar beugte ich mich hinunter und hörte die Botschaft: »Mein Meister hat mich gesandt, dich zu holen und dir für deine Gaben zu danken. Wir leiden zwar nie Hunger; aber ohne Brot, das uns aus Liebe geschenkt wird, können wir nicht recht fröhlich sein. Ein paar Krümel genügen, dem Kleinen Volk Festesfreude zu schenken. Du wirst es selber erleben.«

Geschickt sprang der Wichtel vor mir über das schwarze Moor, als sei ein unsichtbarer Pfad dort. Trockenen Fußes erreichten wir einen dunklen Wacholderbaum, neben dem ein paar Haselstauden wuchsen und dahinter eine dichte Weißdornhecke. Mein kleiner Führer steuerte mich sicher hindurch, ohne daß die Jacke zerriß. Es war fast, als wichen die Dornen zur Seite. Dann öffnete sich ein Bild vor meinen Augen, wie im Märchen. Eine weite Wiese in einer lieblichen Waldlichtung, geschützt an drei Seiten von dichtstehenden Bäumen, war der Schauplatz eines Tanzfestes. Ich vernahm die Klänge zarter Harfenmusik, sah Tausende von Elfen, Zwergen, Schmetterlingen und Käfern. Eine lange Tafel war mit Speisen bedeckt. Blüten schmückten das Tischtuch aus Moos. Flinke Gestalten brachten noch weitere Schalen mit

Pilzen, Vogeleiern, Nüssen und Honig. Gavin, da habe ich mitgefeiert, habe getanzt und geschmaust, wurde auf einen Ehrensitz geführt, und dann mußte ich erzählen. Nicht nur Brot brauchen diese Wesen von uns, sie wollen auch Geschichten von Menschenkindern hören! Ich war ein dummer Bursche damals, hatte keine Ahnung von kleinen Kindern, und in meiner Not stieg vor meiner Seele das Bild der Geburt Christi auf. Ich wußte plötzlich: davon wollten sie wissen ... Maria auf ihrem Weg durch den Dornenwald gehend, die Kälte in der dunkelsten Nacht des Jahres, die hartherzigen Wirte, die ihre Türen zuschlugen, das Willkommen im Stall, der warme Atem der Tiere, die Seligkeit der Mutter, als endlich ihr Jesuskind geboren war und im Heu der Krippe lag, besucht von Hirten mit ihren schlichten Gaben. Davon erzählte ich. Der Mond stieg auf, das Kleine Volk drängte sich um mich. Trotz der sommerlichen Zeit fühlten wir uns in die Weihenacht versetzt. In meiner Tasche trug ich wie stets einen Silberbecher, den die Patin mir geschenkt hatte. Spontan bot ich ihn meinem Wegführer zum Dank an. Er ging von Hand zu Hand. Oft waren drei, vier Männlein nötig, ihn zu tragen. Jetzt stellte sich mir der Meister vor, der anbot, mir eine Fundstelle für feinen Ton zu zeigen, wenn ich wiederkäme. Ich versprach, in der nächsten Vollmondnacht am Feenhügel zu sein, dort würde ich abgeholt werden.

Wie im Traum legte ich den Weg nach Hause unter der sicheren Führung meines kleinen Freundes zurück. Von diesem Tage an konnten weder Schelte noch Prügel mich stören. Auch den Spott der anderen Lehrlinge ließ ich über mich ergehen, so freute ich mich auf das Zwergenfest. Meine Hosentaschen waren mit Brot und Haselnüssen, noch frisch und milchig weich, vollgestopft. Zu den Erdgeistern darf man nicht mit leeren Händen gehen, hatte ich gelernt. Mühelos durchquerten wir Moor und Sumpf, fanden das Fest in vollem Gang. Herzhaft sprang ich in den Kreis und tanzte, bis der Hunger mich zur Festtafel lenkte. Dort ließ ich die Nüsse springen. Die Zwerge jubelten. Zwischen zwei Steinen brach ich die Nüsse auf, und sie ließen sich die süßen

Kerne schmecken. »Nüsse machen klug«, rief mein Freund. In der Tat, klug waren meine Gefährten. Kaum war das Essen vorbei, gruppierten sich Zwerge und Gnomen um mich, eine Geschichte erwartend. Ich war vorbereitet, hatte genau nachgelesen, wie es bei Matthäus heißt. Ohne es zu ahnen, erfüllte ich damit eine tiefe Sehnsucht des Kleinen Volkes, die Hunger danach fühlten, gerade von dem Kind der Weisheit zu lernen, wie der Stern eine innige Beziehung zum Königshaus David hat und den Weisen aus dem Morgenland die Bahn weist.

Zum Abschied reichte der Meister mir ein Tüchlein mit feinem Ton und sagte, daß ich mehr davon erhalten dürfe. Flüsternd ward mir geboten, den Klumpen niemanden zu zeigen, in aller Heimlichkeit nur damit zu arbeiten, um mir ein neues Becherlein zu machen und zu keinem Menschen davon zu sprechen. Du Gavin, bist der erste, der es erfährt. Meine kleinen Freunde kennen dich und gaben Erlaubnis, dich einzuweihen, weil du verschwiegen bist.

Kaum begann ich den Ton zu kneten, spürte ich den Unterschied. Nie hatte ich mit feinerem Material gearbeitet, weich und glatt war es, aber fest nach dem Brennen. Meine Finger freuten sich, der Becher wurde ein Meisterstück, und ich verzierte ihn mit vielen alten keltischen Mustern. Der Gnom, den man als Meister ansprach, führte mich zu einem verborgenen Feld und zeigte mir die Ruine einer kleinen Kapelle. »Vor neunhundert Jahren zog ein Mönch hier ein, um zu beten und zu arbeiten. Er baute die Kapelle, rodete den Wald und pflügte dieses Feld. Ein Glockengießer wurde sein Gehilfe, entdeckte den feinen Ton nahe der Quelle dort, goß kleine und große Glocken aus Metall in Formen aus festem Ton und bald erklangen früh um 6 Uhr, mittags um 12 Uhr und abends die Glocken. Der Mönch pflegte so lange weiterzupflügen, wie das Geläute dauerte. Dann betete er. Neunhundert Jahre lang sind alle diese Töne in den Acker gedrungen. Das haben wir gespürt. Deshalb leben wir hier; denn bis in die Tiefe der Erde hinein sind Harmonien segensreich. Du bist der einzige, dem wir das Geheimnis anvertrauen, hüte es gut. Doch gib acht, nie darfst du Tabak rauchen oder kauen oder einatmen!« Erstaunt fragte ich nach dem Grund.

»Seit die Menschen Tabak rauchen, können sie uns nicht mehr hören oder sehen. Aus vielen Städten sind die Elementarwesen schon geflohen. Noch sind wir hinter unserer Weißdornhecke beschützt, wer weiß wie lange? Was sich in Kristallen, Gesteinen und Metallen gestaltet, im strömenden Wasser schaffend ausdrückt, in Luft und Wärme wirkt sind Wesen, hohe Wesen, denen wir dienen. Nimm diesen Ton und diene ihnen auch. Arbeite nie nur für Ruhm oder Geld.« Dann verschwand der Meister, der kaum eine Spanne hoch war.

Viele Male fand ich den Weg ins Feenland. Viele Jahre dauerte die Lehrzeit. Der hartherzige Leiter der Werkstatt wollte mich nicht verlieren. Oft gab er mir schwierige Aufträge, strich das Geld dafür aber selber ein. Die Gildenmeister prüften uns, machten uns zu Gesellen. Dann endlich sollte die Meisterprüfung sein. Wenige bestanden sie. Ich kam als Sieger eines Wettbewerbs an die Spitze der Töpfergesellen, und Pfingsten versprach man, mir den Meistertitel zu geben. Es war Sitte, im Rathaus denen, die mit Gold, Silber, Leder, Holz, Leinwand oder Ton arbeiteten, nach der Prüfung ein Pergament zu überreichen.

Vorher besuchte ich noch einmal meine kleinen Freunde, fand aber keine fröhliche Stimmung vor. Alle waren ernst und besorgt. Die Salamander oder Feuerwesen waren gekommen und hatten voller Zorn von der Unsitte des Rauchens geredet. Schon Frauen und Kinder kauten Tabak. Die Luft in der Stadt sei verpestet. Ein Unheil drohe den Menschen dort. Die Reinigung solle nur im Feuer liegen, und wer sich retten wolle, dürfe zu Pfingsten nicht in den Mauern der Stadt verweilen, es gehe auf Leben und Tod.

Man beschwor mich, der Warnung zu gehorchen. Was sollte ich tun? Ohne Meisterbrief war die lange Lehrzeit umsonst. Mein Gewissen gebot mir, den Salamandern zu folgen. Statt festlich gekleidet mit Goldschmieden, Schreinern, Webern und Töpfern ins Rathaus zu ziehen, packte ich den Rucksack, winkte Lebewohl und schritt zum Tor hinaus. Meine Gefährten schüttelten den Kopf. »Da geht der törichte Töpfer!« riefen sie. Manch Neidiger hoffte, meinen Platz zu gewinnen. Die Pfingstglocken läuteten, und jedes Haus war mit frischem Maigrün geschmückt. Mein Herz war schwer. Es fehlte nicht viel, und ich wäre umgekehrt. Es war heiß, viel zu heiß für diese Zeit. In den engen Gassen staute sich die schwüle Luft. Im Freien holte ich tief Atem. Wie immer folgte ich dem Fluß. Erst bei dem kleinen Feenhügel schaute ich mich zum Abschied um.

Ach Gavin, solange ich lebe werde ich den Anblick nicht vergessen! Die Stadt brannte lichterloh. Rote Flammen schlugen aus dem Rathaus, Funken stoben über die Dächer hin, Wind fachte die Glut an ... Plötzlich begannen alle Glocken Sturm zu läuten. Die Holzhäuser brannten wie Zunder. Ein Inferno tobte zwischen den alten Mauern. Flüchtlinge strömten aus den Toren; doch für Hilfe war es zu spät. Tränen sprangen aus meinen Augen. Wie blind wankte ich fort, ohne Ziel. Da zupfte es mich an den Hosenbeinen. Mein Zwerg reichte ein Tuch mit Ton empor und sagte: »Es hat sein müssen. Mit den eigenen Pfeifen zündeten sie die Stadt an. Folge du diesem Weg, wir führen dich zu frommen Menschen.« Mit der Feuersbrunst im Rücken stieg ich die Halden hinauf. Endlich fand ich dieses Tal hier und sah euren Bauernhof, über dem noch der Segen deines guten, frommen Vaters gleich einer Wolke hing. Dort klopfte ich an die Tür, und deine Mutter hieß mich willkommen. Den Rest weißt du. Das nächstemal, wenn wir frischen Ton brauchen, nehme ich dich mit und stelle dich dem Zwergenmeister vor. Bisher besuchten meine kleinen Freunde mich nur in der Nacht. Von ihnen habe ich auch die Kunst der farbigen Glasur gelernt und die Wahl des Holzes zum Brennen.«

Bis in die innerste Seele angerührt schwieg Gavin lange. endlich fragte er: »Was bedeutet die Rune, die Ihr nur in die feinen Stücke einritzt, nie aber in das Steingut?« Da lachte sein Lehrer und stellte die Gegenfrage: »Was sagen die Leute im Dorf denn?«

»Sie sagen, es bedeute T T oder Törichter Töpfer.«

»Halb stimmt es. Mein Zeichen T T rührt von dem Geheimnis des Tons her. Habe ich dir nicht erzählt, wie durch 900 Jahre hindurch der Glockenklang in die Erde gepflügt worden ist? Nun, wenn du meine Waren zart anschlägst, geben sie einen feinen Ton von sich. Das doppelte T T heißt tönender Ton. Den Namen Törichter Töpfer trage ich als meinen Ehrentitel. Die Klugheit der Städter hat Unheil gebracht. Ich bekenne mich zur Torheit des Glaubens.«

Das Frühjahr kam. Alle Häuser im Dorf waren geschmückt. Es hieß, die Königin wolle zu Pfingsten einen Besuch abstatten. Die sieben Söhne trugen frische weiße Hemden. Sogar der Töpfer hatte gebügelte Hosen an. zwei Birkenbäumchen flankierten das Hoftor. Trompeter kündeten die Kutsche an. Hoch oben am Waldrand erschienen die schwarzen Rosse, die das prächtige Gefährt zogen, aus dessen Fenster ein freundliches Gesicht schaute. Vor dem Hof blieb der Wagen stehen. Der Verschlag öffnete sich, und die hocherstaunte Witwe knickste tief vor der Königin. Die Buben verbeugten sich. »Liebe Frau, man hat mir erzählt, Eure Söhne seien gut und streng von Euch regiert worden in den vielen Jahren nach dem Tode Eures Mannes. Verratet mir Euer Geheimnis, denn auch ich muß alleine regieren.«
»Majestät, ich war es nicht allein, die aus den Buben tüchtige Helfer gemacht hat. Der Verdienst gebührt dem Töpfer.« Da trat der bärtige Meister hervor und zog ehrerbietig die Mütze.
»Von Euch ist mir allerlei Seltsames zu Ohren gekommen. Darf ich Eure Ware sehen?«
Die Königin sah die Hütte, das Töpferrad und wurde dann in den Schuppen geleitet, wo tausende feinster Waren standen, Schalen und Krüge, Einzelstücke mit verschlungenen Formen, genug Geschirr für ein großes Schloß. Der guten Frau gingen die Augen über. Sie zog eine Börse hervor und meinte, der Meister solle mit ihr in die Hauptstadt ziehen und dort als Hoftöpfer arbeiten. Aber er wehrte ab. »Die Jungen brauchen mich noch. Was ich in all diesen Jahren geschaffen habe, das schenke ich Eurer Majestät; denn ohne Meistertitel habe ich kein Recht auf Bezahlung.«

Erst auf dringende Fragen hin berichtete er von dem großen Feuer damals, und sie nickte. »Ja, ich habe davon gehört, es war vor meiner Zeit; doch wer diese Kunstwerke sieht, der wird Euch den Titel eines Meisters nicht absprechen. Ich jedenfalls wünsche mir, heute etwas von den Schätzen zu erwerben.« Inzwischen hatte die Witwe Kaffee gekocht, die Pfingsttorte auf den Tisch gestellt, und während die Diener Kisten zur Kutsche trugen, kam die Königin in das Haus hinein. Wie erstaunte sie über den Anblick des Kachelofens! Nirgends war Derartiges je in ihrem Reich geschaffen worden. Sie bat den Töpfer, auch in ihrem Schloß einen Ofen mit bemalten Kacheln zu errichten, drängte ihm ihre Börse auf und besprach mit der Witwe, wie der Meister mit Gavin in den nächsten Monaten das Werk beginnen könne. »Ich werde Bilder aus dem Neuen Testament auf die Kacheln malen, von der Geburt des Heilands an.« Da trat der schweigsame Gavin hervor, verbeugte sich und zeigte der Königin eine kleine Glocke, aus Ton gefertigt. Sie nahm das hübsche Stück entgegen und läutete, woraufhin ein zarter Klang ertönte. »Das klingt, als haben Elfen es gemacht«, rief die beglückte Majestät. »Ist das Euer Gesellenstück?« »Noch ist seine Lehrzeit nicht zu Ende. Wenn wir in die Hauptstadt kommen, soll er seine Prüfung ablegen«, meinte sein Lehrer. »Diese Glocke ist eine Erfindung von ihm.«
Draußen hatte sich inzwischen eine ungeduldige Menge angesammelt, um die Königin ins Dorf zu führen. »Wie nennt Ihr diesen Mann hier?« fragte Ihre Majestät. Beschämt antworteten sie: »Den Törichten Töpfer.« Von dem Tage an wurde dies der Ehrentitel des Meisters, der noch lange in Schottland wirkte und unvergessen blieb.

Die Heideprinzessin

Hoch im Nordwesten der grünen Insel liegt ein verstecktes Tal mit einem hellen Fluß, der lustig über die Steine springt und einen kleinen See formt, an dem ein verwittertes, altes Schloß aus rotem Sandstein liegt. Dort lebte einst ein König, der sein kleines Reich mit starker Hand regierte und seiner Gerechtigkeit wegen bekannt war. Als er noch ein Knabe war, hatten Diebe den kostbaren Goldschatz geraubt, von dem nie wieder eine Spur gefunden wurde. Doch der König fühlte sich reich, hatte er doch eine treue Gemahlin und eine Tochter, genannt Ethne, die er von ganzem Herzen liebte. Ihre Fröhlichkeit füllte das steinere Schloß mit dem weiten Hof, und es gab niemanden im Land, der ihr hätte ein Leid antun wollen.

Von Kindheit an liebte sie alle Tiere, besonders aber ihr weißes Kätzchen und die Tauben, die sie jeden Tag fütterte. Mußte ihr Vater in das Nachbarland reiten, nahm er die Tauben mit und schickte sie mit einem Brief zurück. Immer flogen sie zu Ethne, die mit der Nachricht zu ihrer Mutter eilte, um zu lesen, wie die Reise verlaufen war.

Im Frühjahr brachte Hämish, der Schäfer, ein mutterloses Lamm in den Hof und bat die Prinzessin, es aufzuziehen. Bald sprang es übermütig im Hof umher und folgte Ethne auf allen Wegen. So wuchs das Kind heran. Zu seinem vierzehnten Geburtstag schenkte der König ihr ein weißes Pony. Jetzt war ihr Glück vollkommen. Täglich sah man die Prinzessin um den See herum in die Berge reiten, wo sie die verstreuten Höfe besuchte und dort mit den Kindern spielte.

Doch ein Schatten fiel auf das Reich und alle seine Bewohner. Zuerst verschwanden einzelne Schafe im Hochmoor, dann ein wertvoller Zuchtstier. Während die Bauern danach suchten, verschwand auch Hämish, der treue, alte Schäfer. Wo die Suchenden ihn zuletzt gesehen hatten, wuchs jetzt ein dunkler Wacholderbaum. Nachdem alle verstört nach Hause gegangen waren, machte sich der junge Finn auf den Weg, der Hirtenbub, der in Hämish einen väterlichen Freund gefunden hatte. Auch Finn wurde nicht wieder gesehen; aber neben dem Wacholder war eine junge Birke aufgewachsen. Tief wurde sein Verlust betrauert. Mit großem Ernst sprach der König zu Ethne, der er verbot, alleine in die Berge zu reiten oder einsame Höfe zu besuchen. Sehnsüchtig schaute das Kind hinauf zu dem Hochmoor, wo sie sich so gerne getummelt hatte; aber sie versprach im Tal zu bleiben.

Eines Tages lockte die Sonne sie früh aus den Federn. Leise schlüpfte sie in den Stall, sattelte ihr Pony und ritt um den See herum und den Bach entlang, bis ihr Haar im Winde flog. Gehorsam griff sie in die Zügel, ehe der Weg in die verbotenen Berge führte. Bevor sie den Heimritt begann, erblickte sie einen fremden Reiter auf dunklem Pferd. Rasch galoppierte sie zurück, die Eltern zu warnen. Ihre Tiere aber verlangten erst ihr Futter; Milch für das Kätzchen, Korn für die Tauben, vor allem aber Heu und Hafer für das Pony. Das Schaf wartete ungeduldig und stubste Ethne, bis es endlich auch zu seinem Recht kam und frisches Gras erhielt. Jetzt war Ethne müde. Die Sonne stand schon hoch am Himmel. Sie war durstig, trank von der frischen Milch und setzte sich für einen Augenblick in das Heu, wo der Schlaf sie übermannte.

Im Schloß aber hatte der Gast einen herzlichen Empfang. War es doch Alaistair, der Sohn des Nachbarkönigs, zu dem eine herzliche Freundschaft bestand. Frühstück wurde aufgetragen, Nachrichten ausgetauscht; doch von Ethne war keine Spur.

»Ich weiß wohl, daß du nach meiner Tochter Ausschau hältst«, meinte der König lachend. »Komm nur in den Stall, da finden wir Ethne bestimmt.« In der Tat, das Kind schlief sitzend im Heu, eine Katze zu Füßen, das Lamm an der Seite, die Tauben gurrend im Schlag und das weiße Pony als Wächter dahinter. Alaistair glaubte, nie in seinem Leben etwas Schöneres gesehen zu haben. Er trat leise näher. Die treuen Tiere weckten Ethne, und verwundert grüßte sie den Besucher. »Wo ist das Pferd?« fragte sie noch halb im Schlaf. Ihm galt ihre erste Sorge, und erst als es gefüttert war, wendete sie sich an den Prinzen, von dem sie in jedem Brief gehört hatte.

»Bitte, Alaistair, reite morgen in der Früh mit mir, um ein Lerchennest zu finden. Jeden Tag reite ich allein. Ich darf nur bis zum Fuß der Berge gehen, aber die Lerchen nisten höher. Gemeinsam gelingt es uns sicher, eines zu finden.«

»Wir haben Schafe, einen Stier und zwei Hirten in den Bergen verloren, deshalb darf jetzt niemand mehr allein dort zum Hochmoor gehen, Alaistair. Ich vertraue dir, nur darfst du nie deine Augen von Ethne abwenden.« Der König sprach mit der Gewißheit, verstanden zu werden.

Wer eine Lerche aufsteigen sehen will, muß noch vor der Sonne an Ort und Stelle sein und geräuschlos nach ihnen suchen. Es war ein vielversprechender Morgen. In aller Stille ritten die beiden an Ginster und Farnkräutern vorbei zur Heide. Leise wies der Prinz auf einen geschützten Ort und flüsterte: »Lege dich dort hin und verfolge die Lerchen mit den Augen, dann findest du ihre Nester. Ich versorge die Tiere.« Kaum hatte Alaistair die Pferde angekoppelt, da sah er eine unscheinbare junge Lerche vor sich im Gras. Als sie sich in die Luft schwang, leuchteten ihm kleine, runde Eier entgegen. »Ethne, hier ist ein Nest für dich! Komm und schau nur!« rief er glücklich, aber keine Stimme antwortete, keine Spur war von Ethne zu sehen. Er lief an den Ort, wo er sie verlassen hatte . . . nichts. Sie war verschwunden.

Plötzlich tauchte eine alte, häßliche Frau mit einem Stock in der Hand vor ihm auf und spottete: »Du kannst lange suchen! Das Vögelchen ist mein, und mein wird es bleiben!« Mit diesen Worten stampfte sie auf den Boden und war unsichtbar, wie vom Erdboden verschluckt. Ratlos irrte der Prinz umher, immer wieder rief er nach Ethne, aber endlich knüpfte er die Pferde los und ritt ins Tal hinunter. Ohne sich zu entschuldigen offenbarte er dem König was geschehen war, wie er einen Augenblick lang seine Aufmerksamkeit auf die Pferde gelenkt hatte und ein Nest mit Eiern entdeckte, wie die Hexe auftauchte und wieder verschwand. »Mit all meinen Soldaten will ich das Reich durchsuchen, aber zuerst komme mit mir in unsere Kapelle, wo wir für Ethne beten wollen.« Gemeinsam mit der Königin knieten sie vor dem Altar und flehten um die Rettung der Prinzessin.

Alaistair brachte die Pferde in den Stall, wo alle Tiere und die Tauben auf ihn zukamen, als wüßten sie um das Unglück. Er fütterte sie und sprach zu ihnen. Bevor er fortging, drängten sie sich um ihn, das Kätzchen miaute, das Lamm blökte, die Tauben gurrten und das weiße Pony wieherte. Nachdenklich schritt er in das Schloß. Hastig aß er sein Frühstück und erklärte, er wolle sofort wieder aufbrechen, um mit den Soldaten jeden Fleck abzusuchen, bis er Ethne gefunden habe. Kaum hatte er sich auf sein Pferd geschwungen, da erhoben die Tiere ein Geschrei. Er beugte sich nieder, hob die Katze in den Sattel und rief: »Kommt mit und sucht eure Herrin!« Das weiße Pony flog voran, die Tauben folgten mit dem Lamm und erreichten rasch die Stelle, wo Ethne zuletzt gewesen war. Dort sprang die Katze herab, das Pony trabte in die kleine Vertiefung, und dort formten die Tiere einen Kreis. Während der Prinz in die Weite schaute und den Horizont absuchte, starrten Tauben, Lamm, Pony und Kätzchen auf einen Fleck in der Mitte. Plötzlich begriff Alaistair und gesellte sich zu den Tieren: Ein zauberhaftes weißes Heidekraut wuchs mitten in dem Kreis, voller Blüten, eine weiße Heidepflanze im Meer purpurroter Blüten. »Haha, die stumme Kreatur hat mehr Verstand als der Königssohn«, lachte eine Stimme. Alaistair sprang auf, sah die Hexe und rief: »Sag' mir, wie ich Ethne erlösen kann! All mein Gold gebe ich dir.« »Gold habe ich genug, deine Dienste will ich. Du bist jung und kräftig, es gibt genug Arbeit für dich in meinem Palast.« Wieder ertönte ihr häßliches Lachen. Dann berührte sie eine verborgene Tür mit dem Stock. Steile Stufen wurden sichtbar, die ins Dunkle führten. Ein widerlicher Gestank kam von unten herauf. Der Prinz mußte sich überwinden, näher zu treten. »Willst du deinem Liebchen nicht auf Wiedersehn sagen?« »Ehe ich deinen Dienst antrete, mußt du Ethne erlösen«, rief er als Antwort. Sie höhnte: »Gib ihr einen Kuß, die Heide hat keine Stacheln.«
Kaum hatte Alaistair sich herabgebeugt, da brach ein Pandämonium los. Wiehernd, blökend und miauend, laut gurrend warnten die Tiere. Blitzartig fuhr der Prinz herum und sah den erhobenen Stock in der Hand der Hexe. Er schlug ihn zu

Boden und rief: »Werde zu Stein!« während er sie mit dem Zauberstab anrührte. Ein schwarzer Stein lag dort, wo eben noch die Alte gewesen war.

Zu gleicher Zeit sah er, wie der knorrige Wacholder sich reckte und schüttelte, bis die Gestalt eines freundlichen Schäfers heraustrat. »Hämish, oh, Hämish«, rief eine helle Stimme. Im Kreise ihrer geliebten Tiere saß Ethne und rieb sich die Augen. Ihr Kleid war schneeweiß wie zuvor. Sie lachte befreit und nahm das Kätzchen auf den Schoß. Ehe der Prinz sie begrüßen konnte, lief ein Hirtenbub heran und warf seine Arme um den alten Schäfer. »Finn, bist du auch wieder da? Was ist nur geschehen, habe ich geschlafen? Und hast du ein Nest gefunden, Alaistair?«

Da erklärte der Königssohn alles, was an diesem denkwürdigen Tag geschehen war. »Wir müssen eine Taube mit der Nachricht ins Schloß schicken und deinen Eltern die Sorge nehmen«, meinte er und schrieb ein Brieflein, das Ethne am Fuß einer Taube festband. Inzwischen hatte Hämish die Falltür gefunden und starrte in die Tiefe. »Dort unten sind unsere Schafe verschwunden, die wird kein Zauber mehr zum Leben wecken.« Alaistair trat schaudernd näher. »Dort hätte ich für die Hexe arbeiten sollen«, sagte er. *»Den* Palast muß ich doch untersuchen.« Kaum war er am Fuße der Treppe angekommen, da rief er laut: »Hämish, komm zu mir, ich habe etwas gefunden.« Es war eine Truhe, die sie mit Hilfe des geschickten Finn ans Licht hoben. »Das ist der verlorene Schatz unseres Reiches!« jubelte Ethne. »Unsere Armut hat ein Ende.«

Gemeinsam hoben die Männer die Truhe auf das Pferd, Ethne setzte sich mit der Katze auf ihr Pony, und der Abstieg begann. Von den Lippen des Schäfers klang der Hirtenruf. Die suchenden Soldaten erwiderten ihn auf den Bergen. Die Taube war inzwischen im Schloß angekommen, und der König ließ die Glocken läuten. Im Triumph erreichten die Erlösten das Tal. Von allen Seiten strömten die Bewohner des Reiches mit ihnen zum Schloß. Freude strahlte auf allen Gesichtern, als Finn seiner Mutter in die Arme lief. Hämish wurde freudig begrüßt; doch der Jubel über Ethnes Befreiung kannte keine Grenzen. Tief bewegt nahm der König seine Tochter in Empfang und dankte Alaistair für die Entdeckung des lang vermißten Schatzes. »Unser Land wird wieder aufblühen, die Auswanderungen haben ein Ende. Niemand wird mehr im Winter hungern und frieren. Der Schatz soll allen Familien Glück bringen; denn in diesen schweren Jahren haben uns die Sippen treu unterstützt.« Dann rief er laut: »Ein dreifaches Hoch für den jungen Prinzen! Er lebe hoch!« Donnernd fielen die Stimmen der Bauern und Soldaten ein.

Als er still geworden war, schritt Alaistair vor: »Mir gilt die Ehre nicht. Es war eine Tat der treuen Tiere. Wo ich verzweifelt nach Ethne suchte und nichts fand, entdeckten sie das weiße Heidekraut: Das Pony und dieses Lamm, das Kätzchen und die beiden Tauben, sie verdienen die Ehre. Hätten sie mich nicht vor der Hexe gewarnt, so wäre ich auch verzaubert worden, und nie wäre der Schatz ans Tageslicht gelangt.« Nun kannte der Jubel erst recht kein Ende. Musik spielte auf, die Kinder faßten sich an den Händen und tanzten um die Prinzessin. Ethne aber begann zu ahnen, in welcher Gefahr sie geschwebt hatte. Sie bat ihren Vater, ein Fest anzusetzen, an dem Mensch und Tier teilnehmen dürften.

Drei Tage lang wurde gefeiert. Drei Jahre später heiratete Alaistair die schöne Ethne. Sie aber trug einen Kranz aus weißer Heide in ihrem Haar.

Die Braut vom Meer

Donald war kräftig und geschickt. Er hatte mit seinen eigenen Händen ein Haus gebaut und es mit Stroh gedeckt, das er mit Gewichten beschwerte, so daß es jedem Sturm standhielt. Sein Acker trug gute Ernte, und mit dem Boot konnte er auf Fischfang gehen. So manches Mädchen hatte ein Auge auf ihn geworfen. Donald aber war zufrieden, mit seinem Hund Coolie alleine zu leben. Bis ein Erlebnis eintrat, mit dem sich alles änderte.

Es war Frühling und Donald war mit seinem Karren an den Strand gegangen, Seetang zu holen. Den wollte er auf seinem Acker eingraben, wie er es jedes Jahr tat, um die Fruchtbarkeit zu erhöhen. Kaum war die Ladung voll und er drehte den Karren um, da hörte er ein feines Singen aus der nächsten Bucht. Er schlich leise über den Sand und erblickte auf einem Felsvorsprung drei Gestalten. Die eine hatte schwarzes Haar, die zweite rotes, die dritte aber war blond und ihr Gesicht überaus schön. Unhörbar näherte er sich dem Fels. Jedoch in dem Augenblick, in dem er ihn erreicht hätte, bellte Coolie sein Hund. Die drei sprangen ins Wasser, wo er nur noch graue Seehundsköpfe wahrnehmen konnte.

Ärgerlich schirrte er sich vor seinen Karren und zog die Last heimwärts. Da traf er den alten Kieran, der ihm zurief: »Du siehst aus, als seien dir alle Felle weggeschwommen. Was ist geschehen?« Da berichtete Donald, was er erlebt hatte und fragte: »Wie kann ich dieses Mädchen wiedersehen? Ohne sie scheint mir mein Leben sinnlos und leer.« »Was schenkst du mir, wenn ich dir das Rätsel löse?« »Diesen Karren mit gutem Seetang schenke ich dir.« »Wenn du die Freundlichkeit hättest, ihn auf mein Feld zu breiten, dann verrate ich dir das Geheimnis.«

Donald tat, was verlangt wurde. Der Alte zündete die Pfeife an und sprach: »Jedes Jahr zur Zeit der Frühjahrsflut kommen die drei Töchter des Meereskönigs an unsere Küste und singen ihr Lied. Jede hat ein graues Seehundsfell zusammengerollt hinter sich. Wenn es dir gelingt, es fortzunehmen, so muß das Mädchen dir folgen. Wehe aber, wenn das Fell eintrocknet, dann stirbt sie. Wenn sie es aber findet, wird sie sofort im Meer verschwinden.«

»Danke für die Auskunft, ich werde mich gut erinnern«, sagte Donald. Von diesem Tage an arbeitete Donald mit großem Eifer. Erst weißte er die Zimmer, dann baute er ein prächtiges Bett und einen Tisch mit Stühlen. Er pflanzte einen Rosenstock neben die Haustür, vergrößerte den Acker und säte mehr Korn. Schließlich ging er in die Stadt und kaufte ein wollenes Kleid und einen Umhang.

Der Frühling kam und mit ihm die große Flut. Coolie wurde ins Haus gesperrt, ehe Donald ans Ufer ging, wo er geduldig wartete, bis die drei Seejungfrauen aus dem Meer auftauchten und zu singen begannen. Wieder war es die Blonde, die ihren Zauber ausübte. Donald schlich leise näher. Kaum hatte er das graue Fell ergriffen, schon sprangen die beiden anderen Mädchen ins Wasser. Die dritte aber weinte und flehte. Donald warf ihr den Umhang über die Schultern und führte sie nach Hause. Dort brannte ein gutes Feuer. Das Kleid lag bereit, der Tisch war gedeckt und das Essen gekocht.

So begann das neue Leben zu zweit. Donald las jeden Wunsch von den Lippen seiner Frau ab. Nie aber lachte Mari, wie er sie nannte. Erst als ein Sohn geboren wurde, lächelte sie. Sie wurde eine treue, gute Frau und Mutter. Fünf Kinder füllten das Steinhaus mit warmem Leben. Der Jüngste, Jamie genannt, war der Liebling aller. Er folgte Mari auf Schritt und Tritt. Nie ging er mit den Großen aufs Feld. Er blieb sogar bei der Mutter, wenn die anderen in die Stadt durften. Doch es war Jamie, der diesem Glück ein Ende bereitete. Es war Frühling. Die Sonne begann ihr Licht ganz zart auf den östlichen Himmel zu malen, als Jamie den Vater hörte, wie er leise die Treppe hinunter kroch. Neugierig folgte er ihm und sah ihn um das Haus herum verschwinden. Er schlich ihm nach und beobachtete, wie sein Vater einen Stein aus der Hauswand zog, ein graues Fell dahinter herausholte und es auf den Boden legte, um es mit Fett geschmeidig zu machen. Rasch schlüpfte er wieder in sein warmes Bett und schlief ein.

Erst später, nachdem alle Geschwister draußen bei der Arbeit waren und die Mutter den Teig knetete, um Brot zu backen, fragte er unschuldig: »Warum versteckt der Vater ein Fell in der Mauer?« Mari stand stockstill. »Wo ist das Versteck, Jamie? Zeige es mir.« Stumm ging der Bub voran und wies auf den losen Stein im Gemäuer. Im Nu hatte Mari das Fell in der Hand. Sie rannte zum Meer, und ein lautes Lachen tönte von ihren Lippen. Doch dann wendete sie sich ihrem Kind zu und rief: »Oh mein Schatz, mein Liebling, habe tausend Dank. Tief unter dem Meer habe ich auch eine Familie. Fünf Kinder warten dort auf mich, die mich entbehren mußten. Sage dem Vater, ich danke ihm für all seine Liebe. Ich werde immer um ihn sein, auch wenn er mich nicht sehen kann. Leb' wohl! Grüße sie alle von mir.«

Schon hatten die Wellen Mari verschluckt. Erst weit draußen sah er den Kopf eines Seehundes auftauchen und wieder verschwinden.

Müde kehrten die Geschwister mit Donald heim, kein Essen stand auf dem Herd. Das Brot war nicht gebacken, das Feuer fast erloschen. Jamie aber schluchzte bitterlich. Nur mit Mühe brachte der Vater aus ihm heraus, was geschehen war. Dann aber stand der Junge auf und sagte: »Die Mutter hat gelacht, zum erstenmal hat Mutter richtig gelacht.«

Donald überließ die Feldarbeit den Kindern. Er selber rüstete sein Boot und ging täglich fischen. Immer war sein Netz voll. Wie von unsichtbarer Hand wurde sein Boot stets dorthin gelenkt, wo es Fische in Fülle gab. Es ging der Familie besser als je zuvor. Sein Fang war begehrt auf dem Markt. Als längst die klügeren Nachbarn ihre Boote hoch auf den Strand gezogen hatten, wagte Donald sich mitten in die Herbststürme hinein. Vom Atlantik her rollten riesige Wellen und donnerten auf das Boot herab. Der Mast brach und es schien, diesmal könne niemand ihn retten. Wie eine Bö das Fahrzeug zu zerschmettern drohte, schoben sich plötzlich zwei große Seehunde unter die Planken und steuerten sicher zwischen den hohen Wogen hindurch aufs Land zu. Der alte Kieran fand den Fischer besinnungslos aber unversehrt am Strand neben dem Felsvorsprung liegen, wo er zum erstenmal seine Braut gesehen hatte.

Noch heute, hundert Jahre nachdem diese Ereignisse die Herzen der Nachbarn erschütterten, spricht man von Mari und ihrer Treue.

Das Kind der Elfenkönigin

Myrna war glücklich in ihrem sturmsicheren, warmen Fischerhäuschen an der Südküste Irlands, dort wo Wasser und Land sich am innigsten durchdringen und die Musik zu Hause ist. Sie hatte einen Garten für Gemüse hinter dem Zaun und genug Holz und Torf im Schuppen gegen die Kälte. Zur Lichtmeß hatte sie geheiratet. Der treue Kevin brachte täglich frische Fische im Überfluß, von deren Verkauf sie lebten.

An den Abenden spielte Myrna auf der Clasach, der keltischen Harfe. Ihre braunen Augen leuchteten im Schein des Feuers, wenn Kevin dazu seine Lieder sang. Im Spätherbst kam das ersehnte Kind zur Welt, ein gesunder Bub, der dem Vater gleichsah. »Nun muß ich doppelt so viel fischen, um ihn zu ernähren«, meinte Kevin stolz. »Es soll dem Kind an nichts fehlen.«

Als die Herbstwinde einsetzten und er gezwungen war, weiter und weiter auszufahren, flehte Myrna ihn an, bei ihr zu bleiben. Er aber trotzte den Stürmen, und nach dem Samhainfest trieb sein leeres Boot an den Strand. Wild schrien die Möven, wilder aber schrie Myrna in ihrer Verzweiflung. Wäre das Kind nicht gewesen, sie wäre ihrem Mann in den Tod gefolgt. Die Vorräte schmolzen dahin. Schließlich war nur noch genug Öl im Krug und Mehl im Kasten, um einen letzten Pfannkuchen zu backen. Weinend stand sie am Herd, als es an die Tür klopfte. Kein Mensch war dort zu sehen. Die Bucht schien leer. Dann aber hörte sie eine feine Stimme: »Schau herab, ich bin es, die Elfenkönigin.«

Winzig war die Gestalt auf der Schwelle, winziger aber noch das Kind in ihren Armen, ein blasses, zartes Mädchen mit grünen Augen. Myrna bat den Gast herein, stellte einen Schemel zurecht und fragte nach ihrem Begehr. »Mein Kind ist am Sterben, ich habe keine Milch für meine Tochter. Ich flehe dich an, sie zu säugen, um sie zu retten.«

»Wie kann ich den Wunsch erfüllen, wo mir selber der Hunger in den Gliedern sitzt? Hier ist das letzte Öl, der Rest Mehl, schau selber und rate mir.« Mit einer segnenden

Gebärde berührte die Fee Krug und Kasten und sprach: »Fülle um Fülle, Lohn um Lohn, Speise für dich und deinen Sohn.« Zauberhände füllten Krug und Kasten, Butter lag auf dem Teller, und die Fee reichte Myrna ihr Töchterchen. Dann segnete sie die Wiege, in dem der kleine Kevin lag, segnete Myrna und versprach, in einem Jahr wiederzukommen.

Rasch wurden die zwei Kinder Freunde. Das Elflein wuchs und gedieh. Der Hunger war gebannt und die Monate verflogen, bis wieder das leise Klopfen ertönte und die Fee über die Schwelle trat. Beglückt nahm sie ihr gesundes Kind in Empfang und lud Mutter und Sohn ein, mit ihr zu kommen. Zögernd folgte Myrna. Unschlüssig stand sie mit der Königin vor dem steilen Hang, an dem eine Decke aus Heidekraut wuchs. Dahinter öffnete sich eine verborgene Tür, die in ein strahlendes Reich führte, in dem süßer Honig von den Bäumen träufelte und winzige Kreaturen zwischen Blüten und Früchten hin- und herflogen, die hier gleichzeitig zu wachsen schienen. Auf einem Rasen war eine Festtafel gedeckt. Ein blumenumkränzter Stuhl wurde ihr hingeschoben. Tausend Stimmen schwirrten in der Luft. Roter Wein wurde in ihr Glas gegossen und köstliche Leckerbissen auf den Teller gehäuft.

Myrna verlor ihre Angst. Sie sah, mit welcher Freude das Töchterchen der Elfenkönigin von allen Seiten begrüßt wurde. So ließ sie sich die ungewohnten Speisen schmecken, fütterte auch ihren Jungen und als eine zarte Musik erklang, erwärmte sich ihr Herz. Dann trat die Königin zu ihr und zeigte ihr zwei Beutel. »Wähle selber deinen Lohn. Der schwere Beutel ist mit Gold und Perlen angefüllt, der leichte mit Samen und Kräutern zur Heilung aller Krankheiten. Wähle klug, denn du wirst noch lange leben und sehr alt werden.«

»Schenke mir die Samen und Kräuter; aber ich bitte, schenke mir auch das Wissen, sie zum Segen anzuwenden.« Da klatschten die Gäste in ihre kleinen Hände. Die Musik spielte ein Tanzlied. Durch das Spiel hindurch vernahm Myrna die Worte: »Du hast klug gewählt. Segen auf deine beiden Hände.« Plötzlich verschwand der Zauber. Die Mutter fand sich mit Klein-Kevin vor dem eigenen Haus wieder. In ihrer Hand lag der leichte Beutel.

Nie hat Myrna danach Not gelitten. Von weither kamen arme und reiche Leute, im Boot oder zu Fuß, um geheilt zu werden. Hinter der Decke aus Heidekraut war jedoch keine Tür mehr zu finden. Das »Kleine Volk« blieb verschwunden. Jeder Same, den Myrna in die Erde senkte, gedieh, jedes Kraut wuchs und der Beutel wurde niemals leer.

Der große Engel

Diese wahre Begebenheit spielte sich in einem Badeort an der Südküste ab, wo Palmen wachsen und die Winter milde sind. Eine alte Frau hat sie aus eigener Erinnerung erzählt. Ihre Worte sollen sprechen, der Glaubwürdigkeit wegen; denn wer in die klaren Augen der Erzählerin geschaut hat, wird an der Wahrheit nicht zweifeln: »Es war zu Beginn der zwanziger Jahre. Meine Gesundheit war schwer erschüttert. Der Arzt riet mir, mindestens sechs Monate lang am Meer zu wohnen, um mich zu erholen. Ich hatte fast keine Ersparnisse und mußte einen Teil meiner Habe verkaufen, um die Reise nach dem Süden antreten zu können. Es war schon empfindlich kalt, als ich in dem kleinen Ort eintraf. Die meisten Sommergäste waren verschwunden. Mit dem schweren Koffer in der Hand und leerem Magen machte ich mich auf die Suche nach einer geeigneten Pension. Mich schauderte bei dem Gedanken an eine schlampige oder neugierige Wirtin, an die öden Zimmer eines Gästehauses, die weder Wohnlichkeit noch Wärme bieten. Ich wollte fast verzagen, als ich die Strandpromenade mit den Hotels und privaten Villen erblickte. Ich stellte den Koffer ab, holte tief Luft und betete mit aller Kraft meiner Seele zu meinem Schutzengel, wie ich es in der Kindheit getan hatte.

Es war ein langer Weg bis zum billigen Ende der Promenade. Statt meine Müdigkeit stärker zu spüren, fühlte ich im Gegenteil eine erquickende Kraft in meinen Gliedern. An meiner Seite vernahm ich einen schwingenden Schritt, vermochte aber weder neben noch hinter mir jemanden zu erblicken. Dann sagten mir meine Sinne, ich solle ein wenig hinaufschauen. Ganz allmählich verdichtete sich dort die Gestalt eines großen und schönen Engels, der das Gewicht meiner Last zu tragen schien, ohne mich zu berühren. Mit aller Selbstverständlichkeit erzählte er mir – ohne laut zu sprechen – er wisse eine gute Herberge für mich. Wir verließen die Promenade, bogen in eine stille Straße ein und noch einmal schaute ich die herrliche, krafterfüllte Gestalt meines Schutzengels, ehe er mit einer unnachahmlichen Geste auf ein kleines, ländliches Haus wies und sich auflöste. Wie lange ich so glückerfüllt vor dem Haus stand, weiß ich nicht zu sagen. Endlich öffnete sich die Tür. Eine behaglich aussehende Wirtin hieß mich willkommen.

Ich stellte mich vor. Ohne viele Worte zu machen nahm die Frau mein Gepäck ab, führte mich in ihre behagliche Wohnstube, wo ein loderndes Feuer im Kamin brannte, und brachte eine Tasse Tee. Dann erzählte ich dieser Unbekannten, die mir doch unendlich vertraut schien, weshalb ich gekommen sei. Es befreiten sich meine Worte von Scham und Konvention. Ich fühlte die Kraft zur Aufrichtigkeit, die mir geradezu physisch wohltat. Meine Wirtin unterbrach mich kein einziges Mal. Ruhig und gelassen, doch mit unverhohlener Freude schaute sie mich mit ihren großen, dunklen Augen an, füllte die Tasse ein zweites und drittes Mal, bis ich mich freigeredet hatte und das Problem meiner Krankheit und Armut unverhüllt dargestellt waren.

Dann geschah das Unerwartete: der stillen Zuhörerin flossen Tränen aus den Augen, Tränen der Dankbarkeit. Sie habe am Abend Bilanz gezogen und sei zu dem Ergebnis gekommen, sie müsse ihr geliebtes Vaterhaus aufgeben, wenn sie keinen Wintergast fände, der die Lebenskosten mit ihr teilen würde. Die von mir genannte Summe sei ausreichend, einfach und gesund miteinander zu leben. Sie habe im Gebet ihre Sorgen formuliert; sei bei Sonnenuntergang zum Meeresstrand hinuntergegangen und ihre Bitten Wind und Wellen anvertraut. Diesen Morgen sei sie mit größter Zuversicht aufgewacht, habe das Gästezimmer frisch hergerichtet und sei dem Gast mit fragloser Selbstverständlichkeit entgegengegangen.

Es wurde ein wunderbar reicher und beglückender Winter. Die Frau erwies sich als kompetente Krankenschwester, wenn Not es erforderte. Zwischen uns beiden entwickelte sich eine Freundschaft, bei der jeder gab und jeder nahm. Vor allem aber lernte ich in den sechs Monaten von allem Abstand nehmen, was auf irgendeine Weise unwahr oder rein konventionell war. Ich lernte den Segen der Armut kennen, von der meine Wirtin stets als von einem Wesen sprach, so wie Sankt Franziskus. »Das habe ich von der Schwester Armut gelernt«, pflegte sie zu sagen, »wenn Brennesselsuppe auf den Tisch kam oder sie aus zwei alten ein neues Kleid machte.

Die zwanziger Jahre waren für viele Menschen sehr schwer. Noch heute erfüllt mich tiefste Dankbarkeit und Freude, wenn ich an unser gemeinsames Leben am Meer zurückdenke; denn ich gewann mehr zurück als nur meine Gesundheit.«

Die wartende Wiege

Das Wichtigste im Leben des Bergbauern MacNamara, der in Munster einen kleinen Hof bewirtschaftete, war seine Kuh Daisy; denn allein ihr Besitz unterschied ihn von denen, die höher am Hang in elenden Katen ihr Leben mit den Schafen fristen mußten. Täglich maß er die Milch, ehe er sie zum Verkauf als Hartkäse zubereitete.

Es war nicht immer so gewesen. Stolz hatte er sich die schöne Lilly aus der Stadt auf seinen Hof geholt, hatte in langen Abendstunden eine prächtige Wiege geschnitzt und alle seine Gedanken hatten um den Erben gekreist, der seinen Namen tragen sollte. Die Jahre waren verstrichen. Nur noch mit Groll betrachtete er die leere Wiege. Hartnäckig hoffte Lilly weiter auf ein Wunder, nähte feine Hemdchen und spann Wolle für Jäckchen und Mützen. Täglich betete sie zu der Mutter Maria um ein Kind und flehte die Heilige Brigit um Fruchtbarkeit an.

Wieder wurde es Herbst. Die Ernte war eingebracht und Daisy mußte in den Stall, wo das duftende Heu gespeichert war. Eines Morgens fluchte MacNamara und zeigte Lilly empört seinen Melkeimer, der nicht wie sonst bis zum Rand gefüllt war. »Jemand hat Daisy heimlich gemolken. Wer wagt es, meine Milch zu stehlen?« Am Abend lehnte der Bauer sein Gewehr an den Bettpfosten und schwor, er würde Wache halten. Der Schlaf aber überwältigte ihn. Nur Lilly lag klopfenden Herzens wach. Gegen vier Uhr hörte sie die Stalltür knarren. Lautlos schlüpfte sie aus dem Bett. Vom Fenster aus sah sie eine helle, weibliche Gestalt über den Hof huschen und in der Richtung zum Wald hin verschwinden. Sie wagte nicht, ihren Mann zu wecken, dessen Zorn ausbrach, als wieder etwas Milch fehlte.

»Den Hund will ich heute Nacht von der Kette binden, der wird den Dieb schon packen«, grollte er. Lillys Herz zog sich zusammen. Übermüdet schlief sie abends ein und erwachte erst, als ihr Mann das Fenster aufriß und mit dem Gewehr in den Hof zielte. »Schieß nicht!« schrie sie und sprang an seine Seite. Gerade noch erblickte sie die Gestalt, die in gleicher

Richtung entschwand. Diesmal schien sie noch durchsichtiger, überirdischer zu sein. Der Hund stand wie angewurzelt im Hof mit gesträubtem Fell. Schwerfällig setzte MacNamara sich auf sein Bett, zog Kleider und Stiefel an, prüfte, ob das Gewehr geladen und schritt mit hölzernen Bewegungen zur Tür.

Lilly flehte ihn an: »Warte auf mich, ich will dir Kaffee kochen.« Stier sah er sie an. Schließlich nickte er zustimmend, holte selber Holz für das Feuer und blies in die Flammen. Keiner wußte etwas zu sagen. Was sie gesehen hatten war ihnen unheimlich und unerklärbar. Draußen hellte sich der Himmel auf. Der dampfende Kaffee tat seine Wirkung. Der Bauer taute auf und sagte ruhig: »Vielleicht hat jemand Daisys Milch nötiger gebraucht als wir.« Überrascht und getröstet stand Lilly auf und schob ihre Hand in die des Gatten: »Wir wollen zusammen suchen gehen.«

Mit bedächtigen Schritten näherten sie sich dem Wald. Auf dem Lehmweg war keine Spur zu entdecken, so sehr sie auch danach suchten.

Dort wo die Gestalt verschwunden war, stand eine verkrüppelte, alte Eiche. Im fahlen Licht der Herbstsonne sahen sie in der Astgabel etwas Weißes schimmern. Es war ein Kind, ein kleiner Säugling, nur wenige Tage alt. Der nackte Leib war in einen wollenen Schal gewickelt. Zitternd nahm Lilly das Gottesgeschenk in ihre Arme. Gemeinsam brachten sie es auf den Hof. MacNamara sah in den Mundwinkeln des Buben ein Tröpflein Milch schimmern: Daisys Milch.

Mit unendlicher Zärtlichkeit betteten die Eltern ihren Erben in die wartende Wiege. Zutraulich schaute er sie aus großen, graublauen Augen an. Etwas wie ein Lächeln zuckte um seine Lippen. Ganz versunken standen sie vor dem Wunder. Dann zündete Lilly eine Kerze vor dem Bild der Gottesmutter an.

Auf dem Markt traf MacNamara einen Monat später seinen Nachbarn, den Schafhirten Mahie, der im Wirtshaus eine seltsame Geschichte erzählte. In der letzten, elenden Hütte am Berghang war die älteste Tochter davongelaufen, als sie ihre Schwangerschaft nicht mehr verbergen konnte. Man hatte sie zwar gesucht, aber aus Scham niemandem davon Kunde gegeben. Endlich fand man ihren schlanken Körper in einem Graben, unweit des Hofes von MacNamara. Von dem Kind sei jedoch keine Spur zu finden gewesen. »Wann ist das gewesen?« fragte der Bauer mit angehaltenem Atem. »Vor gut einem Monat, gegen Ende September, als du deine Kuh von der Weide getrieben hast. Das Baby war zum Michaelifest erwartet worden.« Mit einem Seufzer der Erleichterung dankte MacNamara dem Hirten und eilte mit der Botschaft nach Hause. »Niemand wird uns den Jungen streitig machen. Wir wollen ihn Michael nennen. Er kann unseren Hof erben, wenn wir alt geworden sind«, sagte der Bauer und schloß seine Frau in seine Arme.

Der Spiegel

Im Westen Irlands, wo Wasser und Land sich am innigsten durchdringen, lag ein Dorf, von Dünen umringt und dem Atlantik zugewandt. Hier wohnte die bildschöne Sheena Malore mit ihrer Tochter Isabel im Haus des ruhelosen Brendan, der in allen Häfen bekannt war, aber immer seltener am eignen Herd saß. Die Leute mieden Sheena. Sie stammte aus Dublin und war anders als die Frauen des Dorfes. Sie trug ihre städtischen Kleider und sogar einen Hut, statt sich wie die Fischerfrauen ein Tuch umzubinden.

Isabel hatte die Schönheit ihrer Mutter geerbt, war aber beliebt bei allen, flink bei der Arbeit, freundlich zu den Nachbarn und hilfsbereit. Sie sammelte morgens die Eier ein, melkte die Kuh, flickte zerrissene Netze und saß abends am Spinnrad. Dann prahlte Sheena von Dublin, den Dienern und Kutschen, den breiten Straßen, Opern und Konzerten, was Isabel seltsamer als jedes Märchen erschien.

Sheena litt unter der Einsamkeit, der Abwesenheit ihres Mannes und dem rauhen Klima. Endlich warf ein Fieber sie aufs Krankenbett. Es gab keinen Arzt. Die Nachbarn hielten das Leiden für Einbildung. Isabel mußte die Muter allein versorgen. Zum Glück war genug Torf im Hof aufgestapelt. Das Bett stand in der warmen Wohnstube, und Brendan sandte Geld. Beim Flackern des Feuers spann Isabel und bat um Geschichten. Wie anders war das Bild, welches Sheena diesmal von ihrer Jugend malte: der Trubel um Rang und Einfluß, die Eifersucht unter den Verehrern, der Frauenklatsch, der manches Glück zerstörte, die Oberflächlichkeit der Vergnügungen, die Verschwendung der Reichen, die Not der Armen.

Isabel lauschte und versuchte sich vorzustellen, was ein Ball war, zu dem man seidene Kleider trug und die Nacht durchtanzte. Brendan kehrte heim, brachte neue Kleider für sein Kind, ein warmes Tuch für Sheena und frische Fische zum Abendbrot. Er machte jede Luke wetterfest, füllte die Vorräte auf und kaufte Medizin, ehe er seine Netze ins Boot packte. Zum Abschied warf er ein verschnürtes Päckchen auf das Bett und verschwand. Erst als Isabel schlief, knotete Sheena die Bänder auf. Im Schein des Feuers sah sie einen blanken Spiegel. Fast furchtsam blickte sie hinein. Ein fremdes Antlitz schaute sie an.

Wie lange hatte sie ihr eigenes Gesicht nicht erblickt! Es war ein fragender Blick in diesem fremden Antlitz mit den matten Haaren, den welken Wangen. Nur die Augen waren die gleichen geblieben. Mit fahrigen Händen wickelte sie den Spiegel ein und versteckte ihn. Was mußte Brendan fühlen, wenn er sie so elend sah? Zum erstenmal verstand sie ihren Gatten und seine Abwesenheiten. Als er sie aus ihrem reichen Elternhaus entführt hatte, war sie jung und bildschön, von allen begehrt. In ihrer Torheit hatte sie nicht an den Schmerz der Eltern und an die Armut gedacht, die ihr drohte. Sie konnte weder kochen noch wirtschaften. Nicht einmal Feuer anzünden. Die enge Hütte verlor für die Verliebten bald jeden Charm. Es war nur dieses außerordentliche Kind, das Segen in die Ehe brachte. Sheena hatte erkannt, daß ihr ein hohes Wesen geschenkt worden war. Dem Kind zuliebe lernte sie Melken, Brotbacken, Spinnen und sogar Fische ausnehmen. Die Augen von Isabel strahlten Dank und Belohnung.

Dieses Kind trug jedem Menschen eine freudige Erwartung entgegen, so als habe sie von allen ein heimliches Versprechen erhalten, selbst von Fremden. Trieb ein ausländisches Schiff in den Hafen, war Brendans Haus das erste, zu dem die Matrosen kamen. Isabel streckte ihnen die Händchen entgegen und krähte. Später lief sie auf den kurzen Beinchen in ihre Arme, gab ihnen Kekse und babbelte gälisch. Sie wurde größer und in ihrer Gegenwart verstummte jeder Fluch, Streit schlichtete sich, gestohlene Eier wurden zurückgebracht. Mahnte der Vater zur Vorsicht gegenüber Fremden, sprach sie die Rune der Gastfreundschaft: »Oft, oft kommt Christus im Gewand eines Fremden.«

Für Isabel gab es keine Angst vor Dunkelheit oder Unwetter. Mußte sie im Stockdunkel Torf holen, rief sie den Hausgeist. War eine Kuh krank, bat sie ihn um Rat und befolgte ihn treulich, mischte Essig unter das Futter, gab den Tieren

Kräuter und den Hühnern Brennesseln fein gehackt, sprach der Mutterkuh Trost zu und half dem Kalb bei der Geburt.

Woher hatte das Kind dieses Wissen? Isabel hielt die Gabe, unsichtbare Wesen hören zu können, für selbstverständlich. Fragte man sie, woher sie die spanischen Seeleute kannte, antwortete sie: »Von früher!« Sie schien alle Sprachen zu verstehen. Die Tür zu jedem Herzen öffnete sich ihr. Sheena begann zu ahnen, wie ihr ganzes Schicksal, die Flucht aus Dublin, die heimliche Hochzeit, ja sogar die Einsamkeit notwendig gewesen war, um Isabel dieses Leben zu schenken. Sie erinnerte sich an den Stern, der strahlend im Westen stand als sie das Kind empfing: Jupiter, Planet der Weisheit. Welch eine Taufe war ihrem Töchterchen beschert worden! Nachricht von der Entführung der Adeligen, der Schönheit des Kindes war von Mund zu Mund geeilt. Die Kirche war gedrängt voll. Jeder Anwesende schwor später, Isabel habe ihn persönlich angelächelt. Fast beschämt nahm Sheena das Geld an, das ihr zugesteckt wurde. Während sie wie ein Fremdling in der Gemeinde lebte, war ihr Kind in jedem Haus willkommen, kaum daß die Beine sie tragen konnten. Dort war es auch, wo sie die uralten Märchen vernahm.

Fragend blickte Sheena in den kostbaren Spiegel. Er gab ihr Antwort auf die quälende Frage, warum sie Reichtum und Glanz verloren hatte. Der edle Frank Fitzgerald hatte um ihre Hand geworben. Die Eltern liebten ihn wie einen Sohn und versprachen ihm das stattliche Haus. Sie aber hatte seine Ehrlichkeit nicht ertragen. Nie kamen Schmeicheleien über seine Lippen. Da er sie vor einem Spiegel stehend fand, rief er: »Sheena, ich liebe dich ohne Schminke, werde endlich du selbst!« Das hatte sie ihm nicht verziehen. So war sie heute Frau Malore und nicht Lady Fitzgerald.

Unerbittlich klar sah sie sich selber in ihrem Hochmut und Stolz, ohne Rücksicht noch Mitleid. Jetzt war es zu spät. Der Spiegel sprach die Wahrheit. Würde er die Macht haben, Isabel zu verderben, wenn sie ihre Schönheit darin sah? Ein Spiegel hatte ihr eigenes Lebensglück zerstört, aber auch den Weg zu Reue und Selbsterkenntnis gezeigt. Sie verbarg ihn vor der Tochter und fiel in einen fiebrigen Schlaf voll peinigender Träume.

Jeden Morgen holte Isabel die Bibel ans Bett und las vor. Diesmal bat die Mutter um den Brief an die Korinther: »Die Liebe kann, wenn sie wirklich ist, nicht verlorengehen. Die Gabe der Prophetie wird erlöschen, Zungensprechen hört auf, Hellsicht geht zu Ende. Unsere Erkenntnis ist Stückwerk, einmal wird das Vollkommene erscheinen und das Stückwerk geht vorbei. Als ich ein Kind war, sprach ich wie ein Kind, fühlte und dachte wie ein Kind. Als ich ein Mann wurde, streifte ich das Kindische ab. Jetzt sehen wir in einem Spiegel alles nur dunkel; einmal werden wir alles schauen von Angesicht zu Angesicht. Jetzt ist mein Erkennen Stückwerk, dann aber werde ich wahre Erkenntnis haben. Nun aber bleibt Glaube, Liebe, Hoffnung, diese drei, die Liebe aber ist die größte.«

Von da an bemerkte Isabel eine Verwandlung in der Mutter. Ihre Augen leuchteten wieder, und sie klagte nicht mehr. Erzählte sie von Dublin, klang es nicht märchenhaft sondern nüchtern. Sie nannte Orte und Namen, als wolle sie ihre Tochter auf das Leben dort vorbereiten. Bisher hatte ihr Stolz Sheena von den Nachbarn ferngehalten. Nicht einmal Brendans Mutter hatte sie zu sich eingeladen. Das wurde jetzt anders. Voll Freude bereitete sie das Haus zum Besuch von Mutter Malore vor, backte Eierkuchen und Weizenfladen, schickte Isabel aus, Blumen zu pflücken und bürstete ihr Haar, bis es wieder glänzte. Statt Torf legte sie kostbares Treibholz auf, damit das Feuer heller brenne. Zögernd stand die Großmutter auf der Schwelle, gewappnet gegen Klagen und Vorwürfe; doch ein warmes Willkommenswort löste den Widerstand, und die drei Frauen feierten ein Fest. Zum Abschied sagte Sheena fast unhörbar: »Vergib mir, Mutter Malore!«

Rasch verbreitete sich das Wort von der Wandlung im Haus des Fischers. Die Lehrerin brachte Bücher zum Lesen, Nachbarn fragten nach Wünschen der Kranken und der Fiedler kam, um aufzuspielen. Ehe er ging, sprach er von der Weisheit der Druiden. Sheena wagte zu fragen, was sie über den Stolz zu sagen hätten. »Die drei größten Sünden sind

Lüge, Meineid und Stolz, die schlimmste Sünde aber ist der Stolz, denn alle anderen Sünden wachsen daraus.« Da nickte sie zustimmend.

Zum vierzehnten Geburtstag Isabels plante sie eine Überraschung. Sie packte den Spiegel aus, legte dazu allen Schmuck, den sie gerettet hatte und zündete eine Wachskerze an. Isabel staunte die Gaben an. Ehe sie nach dem Spiegel griff, sprach die Mutter von der Kraft dieses Glases mit dem silbernen Widerschein. »Du wirst MICH sehen, so wie ich in deinem Alter war. Dieses Geheimnis bewahre für dich. Du wirst sehen, wie ich älter wurde und mich veränderte. Nur dir wird der Spiegel es zeigen, hüte ihn gut.« Ehrfurchtsvoll nahm das Kind die Gabe. Ein strahlend schönes Gesicht glänzte ihr entgegen, große Augen, goldblondes Haar und eine helle Haut. Isabel war entzückt. »Kein Wunder, der Vater hat dich geliebt! Du warst so schön wie eine Prinzessin«, sagte sie, legte den Schmuck an und tanzte im Zimmer umher. Später traf Brendan ein und schenkte ihr ein hübsches Kleid. Aber er brachte schlimme Nachrichten aus Dublin, wo die Engländer brutale Überfälle getätigt hatten. Er meinte, große Not würde folgen und er ließ reichlich Proviant zurück.

In diesem Winter verschlimmerte sich das Lungenleiden, und oft kämpfte Sheena um Atem. Isabel versorgte den Haushalt und sehnte das Frühjahr herbei. Als es endlich kam, pflückte sie einen Strauß wilder Blumen und legte ihn der Mutter aufs Bett. Zwei rote Flecken brannten auf deren Wangen, Zeichen des nahenden Todes. Alle Selbstsucht war ausgebrannt, nur Liebe war geblieben. Sie nahm beide Hände ihrer Tochter und sprach den alten Segen, der jeden jungen Menschen Irlands in die Fremde begleitet:

Ich bade deine Hände
in Strömen von Wein,
im glühenden Feuer,
in den sieben Elementen,
im Saft der Reben,
in Milch und Honig,
und mit den neun Grazien weihe ich dein reines Gesicht.

Grazie der Form,
Grazie der Stimme,
Grazie des Glückes,
Grazie der Weisheit,
Grazie der Güte,
Grazie der Mildtätigkeit,
Grazie der Jungfräulichkeit,
Grazie der beseelten Lieblichkeit,
Grazie der wahrhaftigen Sprache.

Dunkel ist jene Stadt,
dunkel sind die Menschen darin,
du bist der braune Schwan,
der unter ihnen wandelt.

Ein Schatten bist du in der Hitze,
ein Schutz bist du in der Kälte,
Augen bist du für den Blinden,
ein Stab bist du für den Pilger.

Eine Insel bist du im Meer,
eine Burg bist du auf dem Land,
ein Brunnen bist du in der Wüste,
Gesundheit bist du dem Kranken.

Du bist die Freude aller frohen Dinge,
du bist das Licht im Strahlen der Sonne,
du bist die Tür der Gastlichkeit,
du bist der höchste Stern führender Geister,
du bist die Spur des Hirschen in den Bergen,
du bist der Tritt des Pferdes in der Ebene,
du bist der Zauber des schwimmenden Schwanes,
du bist der Charm aller zärtlichen Sehnsucht.

Die sanfte Ähnlichkeit mit Christus ist in deinem Gesicht,
die lieblichste Ähnlichkeit, die je auf Erden war.

Die beste Stunde des Tages sei dein,
der beste Tag der Woche sei dein,
die beste Woche im Jahr sei dein,
das beste Jahr im Reiche Christi sei dein.

Petrus kam und Paulus kam,
Jakob und Johannes kam,
Muriel und die Jungfrau Maria kam,
Uriel der allsegnende kam,
Ariel der Zauber der Jugend kam,
Gabriel der Seher der Jungfrau kam,
Raphael der Prinz der Mutigen kam,
und MICHAEL der Führer der himmlischen Heere kam,
und Jesus Christus der Milde kam,
und der Heilige Geist der Erleuchtung kam,
und der König aller Könige kam,
zu bringen dir ihre Zuneigung und ihre Liebe,
zu bringen dir ihre Zuneigung und Liebe.

Erschöpft fiel Sheena auf ihr Kissen zurück. Das Feuer glomm nur noch schwach. Der Wind hatte sich gelegt. Es war still und die Sterne warfen ihren matten Schein. Es war die Stunde des Saturn. Draußen klopfte es leise. Der Priester trat ein. »Es ist das Ende der Frühjahrsflut. Die Ebbe setzt ein, wenn die Todesfähre wartet. Sheena Malore, bist du bereit für die letzte Ölung?« Sie nickte und die heilige Handlung wurde vollzogen wie es der Sitte entsprach, ohne Unterschied für König oder Köhler, Mann oder Frau. Der letzte Wunsch von Sheena war, Brendan möge ihr die Jahre des Hochmuts verzeihen und Isabel den Weg nach Dublin weisen. Wie ein rechter Amnchara, ein Seelenfreund, versprach es der Priester und schied mit den Worten des Segens:

»Tag des Friedens und der Freude,
der leuchtende Tag meines Todes;
möge die Hand Michaels mich suchen
an dem weißen Sonnentag meiner Erlösung.«

Die Sakramente verliehen der Sterbenden neue Kräfte. Sie ließ Mutter Malore rufen, die Isabel von der Pflege befreite. Das Kind brachte blühenden Ginster ins Haus und duftenden Thymian. Dann holte sie den Zauberspiegel hervor und fragte, ob er auch nach dem Tode der Mutter seine Kraft behalten würde. »Solange du daran glaubst, wird das Wunder weiterwirken. Ich bin immer bei dir, wenn du hineinschaust. Denke daran, wenn du in der Stadt bist. Ich begleite dich auf deinem Weg.« Das war ein tiefer Trost für Isabel, deren Furcht vor dem Verlust des Menschen, mit dem sie ihr ganzes Leben geteilt hatte, erschütternd war. Die letzten Stunden waren voller Friede. Es war als gewinne Sheena ihre Jugend und Schönheit im Tode zurück. Brendan kam, gerufen von seiner Mutter und erlebte staunend, wie seine Frau im Tode von allen Leuten im Dorf die höchste Ehre empfing, die je einer Fremden gegönnt worden war. Danach packte Isabel ihr Bündel und segelte mit ihrem Vater nach Cork, von wo aus eine Postkutsche nach Dublin fuhr. »Komm heim, wenn du elend bist«, sagte er zum Abschied und küßte sein Kind.

Alles war neu für sie, die Mitreisenden, die Landschaft, die alte Kutsche. Ihre Gedanken während der Reise aber waren bei der geliebten Mutter. Ohne Schwierigkeit fand sie das stattliche Haus mit den schlanken Säulen in Dublin und klopfte an. Ein Herr öffnete und blickte sie fassungslos an. »Sheena, bist du ewig jung? Wo hast du gelebt? Warst du im Feenhügel beim ›Kleinen Volk‹?« »Ich bin Isabel, ihre Tochter. Sheena aber ist im Lande der Wahrheit. Sie gab mir Grüße auf an Frank Fitzgerald.« »Das bin ich, sei willkommen in deinem eigenen Hause.«

Ein Diener nahm das Bündel, eine Hausdame brachte heißen Tee und Kuchen. Sie setzten sich vor den offenen Kamin, in dem große Holzscheite brannten und kein Torf. Das Zimmer war hell und elegant möbliert. Bilder in goldenen Rahmen hingen an den Wänden. Auf dem Teppich stand eine Harfe. Hier also hatte ihre Mutter gewohnt. Dies alles hatte sie mit der kleinen, dunklen Hütte vertauscht. Tränen quollen aus ihren Augen und Frank ließ sie gewähren. Auch er brauchte Zeit, sich zu sammeln. Dieses Kind war noch schöner als Sheena es gewesen war. Sie trug eine Reinheit zur Schau, die in einer Stadt nicht oft zu finden ist. Dann begann ein Gespräch von seltener Tiefe. Beide empfanden eine Zusammengehörigkeit wie von Ewigkeiten her.

Es folgten Wochen, in denen Isabel die Freunde von Frank kennenlernte und Dublin eroberte, zu Fuß und mit der

Kutsche. Frank ließ sie in die tragische Geschichte des Landes Einblick nehmen, in die ruchlose Unterdrückung durch die Engländer, den Haß der Iren, die wilden Pläne der Rebellen und die ständige Wachsamkeit der wenigen Besonnenen. Jeder Aufstand gegen die weit überlegenen Waffen der Feinde hätte ein Blutbad bewirkt. Es galt, einen kühlen Kopf zu bewahren und die Einheit zu stärken.

In den heißen Tagen des August geschah ein Unheil. Die Engländer hatten tote Pferde in den Liffey geworfen, den Fluß verunreinigt, der durch Dublin fließt und als heilig verehrt wird. Eine zornige Menschenmenge ballte sich zusammen. Die Iren drohten den verhaßten Rotröcken mit Sensen und Pflastersteinen. Ein Offizier schrie: »Schießt auf den Pöbel!« Doch ehe die Soldaten ihre Gewehre geladen hatten, kämpfte Frank sich durch die Menge nach vorne und rief: »Schont die Unschuldigen!« Sofort wurde er als ein Anstifter gefangen genommen und abgeführt. In fliegender Eile lief einer seiner Freunde zu Isabel und beschwor sie, sofort zum Gericht zu kommen, um Frank vor dem Tode zu retten.

Isabel schaute an sich herab. Sie trug noch die Kleider aus dem Dorf. Sie hatte es abgelehnt, sich Stadtkleider schenken zu lassen. Blitzschnell überlegte sie, welchen Empfang sie als Bauernkind wohl von den Engländern erwarten müßte. Frank hatte ihr den Schlüssel zum Zimmer ihrer Mutter gegeben. Sie hatte ihn bisher nie benutzt. Jetzt mußte sie die Erwachsene spielen und sie wußte, in diesem Zimmer würde sie Kleider finden. Resolut drehte sie den Schlüssel um, die Tür sprang auf und offenbarte ein Bild von Sheena in ihrer vollen Größe: die geliebte Mutter, wie sie sie vom Zauberspiegel her kannte. Mühsam riß sie sich los. Der Raum war dunkel, die Vorhänge geschlossen. Tastend suchte sie nach einem Schrank. Die Tür drehte sich knarrend in den Angeln. Zum zweitenmal starrte Sheena ihr entgegen. Sie griff sich ans Herz, das Bild tat das gleiche. Endlich erkannte sie sich selber in der Bauerntracht.

Mit klopfendem Herzen griff sie in den vollen Schrank und zog ein schwarzes Kleid heraus. Rasch schlüpfte sie hinein.

Wie eine junge Nonne sah sie darin aus. Sie fand noch einen Hut mit dunklem Schleier, den sie mit zitternden Händen aufsetzte. Der Freund hatte eine Kutsche geholt und sie fuhren los. Der Schock steckte ihr in allen Gliedern. Plötzlich vernahm sie die Stimme ihrer Mutter, die in ihrer letzten Stunde zu ihr gesagt hatte: »Ich begleite dich auf deinem Weg.« Neuer Mut strömte in ihre Glieder. Sie eilte zwischen den Wachen hindurch und betrat den Gerichtssaal, wo Frank gefesselt zwischen zwei Soldaten saß. Der Richter mit seiner weißen Perücke fixierte ihn mit eisigem Gesicht. Ein Offizier verlangte Tod durch den Strang. Unerschrocken bahnte Isabel sich ihren Weg nach vorne. Oben auf der Galerie beugte das Volk sich weit vor um zu sehen, wer es wagte, ungerufen einzutreten. Was man später auf dem Markt oder im Wirtshaus erzählte, war die Erscheinung eines Engels, einer Nonne, einer Furie, einer Heiligen. So verschieden die Beschreibung auch war, jeder geriet in den Bann dieses Kindes, auch der Richter.

Mit klarer Stimme rief Isabel: »Die Flüsse in Irland sind heilig und werden von uns verehrt. Nicht in tausend Jahren sind sie verunreinigt worden. Wer über Irland herrschen will, muß die Flüsse ehren. Die Leute sind nicht zum Aufstand zusammengekommen, sondern zum Schutz des ältesten Rechtes in diesem Land, zum Schutz des Liffey, in den ihr die Kadaver toter Pferde geworfen habt. Der Angeklagte ist ein Advokat des Friedens. Wird er erhängt, so droht eine Rebellion. Im Namen der heiligen Dreifaltigkeit flehe ich um Gande für Frank Fitzgerald.«

Während Richter und Ankläger ratlos auf diese unerwartete Zeugin schauten, erhoben die Leute sich auf der Galerie und riefen: »Gnade! Gnade!« Ehe noch Zeit zur Besinnung war, tauchte ein schweißbedeckter Bote an der Tür auf und rief: »Das Volk marschiert mit brennenden Fackeln und Strohbündeln auf die Garnison zu. Die Truppen sind in Gefahr!«

Donnernd schlug der Hammer nieder und der Richter befahl: »Ruhe im Gerichtssaal!« Angeklagter, ist es wahr, daß du ein Advokat des Friedens bist?« Frank hob die Schwurhand:

»Mein Leben lang habe ich den Frieden vertreten, das ist die Wahrheit, so Gott mir helfe.« Es dauerte nur wenige Minuten bis die Herren zu einer Entscheidung kamen. »Löst die Fesseln. Der Angeklagte ist frei.« Ein Aufatmen ging durch die Menge und alles strömte ins Freie. Frank wurde schulterhoch getragen und Isabel bejubelt. Frank aber drängte seine Freunde, die Brandstiftung bei der Garnison zu verhindern. In der Tat, seine Boten kamen rechtzeitig, um ein größeres Unheil zu verhindern. Statt dessen wurde auf einer Anhöhe ein Freudenfeuer angezündet und es wurden Lieder gesungen, die den Sieg über die Engländer feierten. Isabel aber, die Heldin des Tages, saß still im Zimmer, während Frank ruhelos hin- und herging. Aufatmend blieb er vor Isabel stehen: »Wer bist du? Wer gab dir diese Kraft und Weisheit?« Sie blickte auf und antwortete bedächtig: »Schon als Kind habe ich meine Hände angeschaut und gewußt: diese vielen Linien sind nicht neu, die habe ich aus einem früheren Leben mitgebracht. Hätte ich mich vor dem Richter fürchten sollen? Mehr als umbringen können sie mich nicht. Das nächste Mal werden wir uns erneut gegenüberstehen, und am Ende siegt das Recht.« Frank nickte: »Etwas Ähnliches habe ich auch oft empfunden, aber weißt du nicht, *WER* du warst?«

»Lange wußte ich es nicht. Du aber hast mir das Buch von Lismore geschenkt, wo das Leben der heiligen Brigit beschrieben ist. Da sind in mir Bilder aufgestiegen, die tief im Innern gelebt haben. Alle Helden Irlands kamen in das Kloster in Kildare. Könige und Bischöfe haben damals mit mir gesprochen. Da brauche ich doch jetzt keine Angst vor Engländern zu haben!« Frank lachte befreiend: »Eher haben die Engländer Angst vor dir!«

Das Kind saß vor ihm in dem schwarzen Kleid. Etwas hatte sich verändert. Ihr Antlitz strahlte Selbstvertrauen aus und reife Fraulichkeit. Völlig unvermittelt sagte Isabel: »Ich glaube, im Kloster gab es keine Spiegel.« Verblüfft bat Frank um Erläuterung. »In ihrer letzten Krankheit gab meine Mutter mir einen runden Spiegel und sagte, er habe Zauberkräfte. Ich würde in dem Glas Sheena jeweils in dem Alter sehen, in dem ich selber gerade sei. Das Bild würde mit mir wachsen. Das habe ich geglaubt. Es war ja so dunkel in der Hütte, und niemand im Dorf hatte einen Spiegel. Erst heute, als ich oben in ihr Zimmer ging, entdeckte ich mich in Lebensgröße. Das war ein Schock, ein heilsamer Schock, glaube ich; denn davon bin ich aufgewacht. Jetzt bin ich kein Kind mehr.«

»Deine Mutter war umgeben von Spiegeln. Als ihre Eltern mir dieses Haus vermachten, ließ ich alle entfernen, außer denen in ihrem Zimmer. Ich hatte gewagt, ihre Eitelkeit zu rügen. Deshalb verlor ich sie. Wir sollten nicht richten: Das Zaubermärchen von deinem Spiegel mag sie erzählt haben, um dich vor der gleichen Versuchung zu behüten.«

»Brendan gab ihr den Spiegel und ich glaube fast, der Spiegel hat die innere Verwandlung in Sheena bewirkt. Sie gab es auf, ihr Leben zu beklagen. Einmal hörte ich, wie sie zu Brendan sagte: die Flucht aus Dublin in Armut und Not sei notwendig gewesen, damit ich habe zur Welt kommen können. Von dem Tag an hörte ihre Einsamkeit auf und sie wurde im Dorf akzeptiert.«

Es klopfte. Ein alter Mann trat ein, der eine Harfe trug und sich als der Barde Mor MacNeil vorstellte. Er war ein berühmter Sänger. Wein wurde gereicht und die Ereignisse des Tages besprochen. Er sagte: »Nicht die Engländer sind die größte Gefahr für unser Land, obwohl sie viele hundert Jahre herrschen werden. Einmal wird Irland frei. Doch wehe den falschen Pfaffen, die einen Pakt mit Rom schlossen und die alte Kirche des Johannes gegen Petrus mit dem Schlüssel vertauschten. WEHE! Sie wollen uns vergessen lassen, daß wir immer wieder zur Erde kommen, bis ein neuer Himmel und eine neue Erde geboren wird. Sie verachten unsere alten Märchen, verteufeln unsere Lieder und wollen die Barden verdammen. Sie haben den Glauben an Brigid verboten, die auch den Namen Demeter oder Sophia trägt; doch die Göttin lebt, verehrt in aller Heimlichkeit. Unvergessen aber ist die andere Brigid, die Amme des Jesuskindes, die dem Neugeborenen, dem Heiland der Welt, ihre gälischen Lieder sang, als sie ihn in ihren Armen wiegte. Unvergessen ist Sankt

Brigid aus Kildare. Für sie, die in jedem Zeitalter wieder-
kehrt, singe ich das Lied ›Hail Brigid‹:

O Brigid, du auf dem Thron im Triumph
über der duftenden Ebene des Liffey,
bis zum Strande des weiten Meeres!
Du bist Königin über alle Heere,
Herrscherin über Cathair den Großen.

Der glitzernde Liffey ist dein an diesem Tage,
der Feind fiel nieder vor dir,
sieh den Eifer deiner Männer im Kampfe,
sieh die Schönheit der Frauen beim Mahle.

O Brigid, deren Land ich heute schaue,
wo die Helden herrschten zu ihrer Zeit,
dein Ruhm überschattet sie alle,
du stehst höher als sie,
denn der König der Könige herrscht mit dir,
denn der König der Könige herrscht mit dir,
denn Christus herrscht mit dir auf ewig, o Brigid.«

Der Barde neigte sich vor Isabel, die bis tief in ihre Seele
bewegt war. Wie jedes Kind in Irland kannte sie diese Verse.
Heute aber gewannen sie eine neue Bedeutung für sie.
Frank nahm das Buch von Lismore zur Hand und wandte
sich an Isabel: »Als ich dir diesen Band schenkte, ahnte ich ja
nicht, welche Bedeutung die Lebensgeschichte dieser Heiligen für dich hat. Sie war eine Nonne und brachte wahre
Frömmigkeit zur grünen Insel. Du aber bist keine Nonne und
sollst das schwarze Kleid ausziehen. Ich habe ein grünes
Kleid für dich. Heute ist der Tag, es anzuziehen. Dann wollen
wir miteinander feiern.« Den Barden aber lud er ein, teilzu-
nehmen.
Ein festlicher Tisch wurde gedeckt. Freunde kamen mit
Geschenken und Blumen. Kerzen erhellten den Raum. Isabel
erschien in ihrem grünen Kleid und Mor MacNeil trank
den Toast auf sie: »Du bist ein echtes Kind der Kelten, deine
Schönheit strahlt wie die Sonne über Gerechte und Unge-

rechte, über Gute und Böse. Heute hast du *EINEM* Menschen das Leben gerettet, bald wirst du für Dutzende auf den Knien liegen, wenn der Liffey rot von Blut durch Dublin fließt. Nichts aber kann den Siegeszug der Wahrheit aufhalten. Vergangene und zukünftige Leben vereinigen sich in dir und in jedem von uns. Ich trinke darauf, daß wir uns wiedererkennen und wiederfinden in allen kommenden Zeiten.«

Auf dem Hügel brannte noch immer das Freudenfeuer. Der Klang der Dudelsackpfeifen war zu hören. Die Freunde feierten Franks Rettung. In dieser Nacht wagte kein Rotrock sich aus der Garnison.

(Personen und Ereignisse wurden erfunden, die historischen Tatsachen aber treu wiedergegeben. Die Engländer herrschten 800 Jahre lang über Irland und was an Hunger und Elend in dieser Zeit erlitten wurde, entspricht dem Holocaust der Juden, wie ein englischer Abgeordneter kürzlich gestand. Der Kampf in Ulster geht weiter und noch ist keine Aussicht auf Frieden in Nordirland.

Das Lied »Hail Brigid« stammt aus dem Buch Leinster, alle anderen Verse sind aus der Carmina Gadelica.)

Wie schwer wiegt eine Schneeflocke?

Eine alte keltische Legende erzählt von dem Zaunkönig folgende Begebenheit: Der erste Schnee war gefallen, und die Insel inmitten des Sees, inmitten des Inselreiches Hibernia war mit einer weichen, weißen Decke geschmückt, unter der alles Lebendige begraben schien. Doch aus einer winzigen Vertiefung im Astwerke der uralten Eiche zwitscherte ein feines Stimmchen. In der darauffolgenden Stille konnte man einen dunkelbraunen, weichgefederten Ball mit Ohren und Krallen beobachten, der sich langsam und würdevoll einige Zoll vorwärtsschob aus dem Winternest im hohlen Kronengezweig. Die goldgeränderten Pupillen rollten hin und her: Die Eule dachte nach. Eine tiefe, rauhe Stimme grollte über die Schneelandschaft und wurde vom feinsten Piepsen beantwortet.

Wäre es nicht ein heiliger Baum der Druiden gewesen, so wäre dieses Gespräch wohl für immer vergessen, niemand hätte von der Offenbarung erfahren, die hier im Herzen Irlands der sogenannten stummen Kreatur geschenkt worden war, lange bevor unsere Zeitrechnung begann. Wollen wir lauschen und von den Vögeln lernen? »Wie schwer wiegt eine Schneeflocke, Bruder Eule?«

»Eine Schneeflocke wiegt nichts, gar nichts, was man messen oder wiegen kann, kleiner Zaunkönig!«

»Wie kommt es dann dazu, daß ich gesehen habe, was ich gesehen habe an diesem Wintermorgen?«

»Was hast du gesehen an diesem Wintermorgen, daß du mich aus meinem tiefsten Schlaf zu wecken wagst, kleiner Zaunkönig?«

»Als ich im tiefsten Schlaf in meinem kleinen Nest den Wintertraum träumte, da weckte mich eine winzige Schneeflocke auf und schmolz an meiner Brust. Draußen fiel ein leichter Schnee, und ich begann zu zählen. Erst waren es Tausende, dann Hunderttausende von Flocken, weise Eule, doch ich zählte weiter. Und als ich eine Million und drei Schneeflocken gezählt hatte, da brach der Zweig des Vogelbeerbaumes, in dem mein kleines Nest verborgen war, und noch immer fiel der Schnee. Wie schwer ist nun das Gewicht einer einzigen Schneeflocke hier im Herzen des Waldes, Bruder Eule?«

Geschlagen im Gesprächswettbewerb zog sich die Eule stumm zurück. Noch heute lieben es die Iren, diese Legende an den langen Winterabenden zu erzählen. Noch heute hat keiner die Antwort auf die Frage des klugen Zaunkönigs gefunden. Aber jeder, der diese Geschichte hört und darüber nachsinnt, wird ein klein wenig mehr Mut in seinem Herzen finden, den Großen dieser Welt zu antworten. Und wenn die Mächtigen dieser Welt uns einreden wollen, wir wiegen nichts im Gleichgewicht der Weltmächte, so denken wir still an den Zaunkönig.

Das Unwetter

Zur Zeit des Heiligen Ciara von Clonmacnoise wurden zwei Klosterschüler ausgeschickt, um Dachstroh für seine Kirche zu holen. Das geschah am Samstag. Gehorsam machten die beiden sich auf den Weg, Beogan und Naoi, zwei fleißige und fromme Studenten, jeder mit seiner Sichel, und schnitten Binsen am Shannonfluß. Doch ehe sie fertig waren, läuteten die Vesperglocken. Der Regel getreu beschlossen sie, bis zum Montag auszuharren, um die heilige Sabbathruhe nicht zu brechen. Weder Dach noch Bett, weder Feuer noch Speise gab es für sie. Nur ihre heißen Gebete hielten sie am Leben; denn wahrlich, das Unwetter, welches in dieser Nacht ausbrach, war schlimmer als alles was je von Sterblichen erlebt wurde. Regen erst, dann Schnee und Hagel, Frost und Wind, Sturmböen und eisige Kälte, gefolgt von neuem Regen, der gegen Morgen zu Rauhreif wurde, als habe der Eisriese jedes Haar auf ihren Häuptern erstarren lassen.

Doch so groß war ihre Frömmigkeit, daß der Lebensfunke nicht erlosch und sie in der extremen Not eine Einweihung besonderer Art durchmachten. Sie konnten plötzlich die Sprache der Vögel verstehen. Hier ist das Gespräch, welches Beogan in den ersten Stunden des Sabbath hörte und aufschrieb, mit Naoi als Zeugen: »Leithin, edler Adler, hast du je ein schlimmeres Wetter erlebt, als diese Nacht?« »Nein, du kleiner Grauvogel, nie erlebte ich ein schlimmeres Wetter. Mir scheint, seit die Welt besteht, hat es nie ein schlimmeres gegeben.«

»Ach, es wird schon jemanden geben, der sich erinnern kann«, sagte Grauvogel. »Wer mag das sein?« fragte der Adler. »Dubhchosach, der schwarzfüßige Hirsch in Sligo, der Held des alten Irlands.« Zornig erhob sich Leithin und schüttelte seine Federn: »Sei der Hirsch auch noch so weit von hier, ich will ihn finden und ihn fragen, und du warte hier!«

Welch ein Kampf gegen Wind und Wasser, wieviel Unbill unterwegs, bis der Adler endlich den Hirsch gefunden hatte! »Dubhchosach, sage mir, hast du je in deinem Leben eine solche Nacht erfahren?« »Oh Leithin, niemals gab es ein schrecklicheres Unwetter, als in dieser Nacht. Ich bin alt, so alt, daß dieser alte Baumstumpf mich schützte während ich neugeboren war: 500 Jahre wuchs die Eiche, 500 Jahre reifte die Eiche, 500 Jahre welkte die Eiche. Jetzt kann ich kaum noch mein Fell an dem Stumpf reiben, aber nie in dieser Zeit gab es ein größeres Unwetter.«

Müde und erschöpft langte Leithin dort an, wo Grauvogel auf ihn wartete. »Hast du die Antwort erhalten?« »Nein, auch Dubhchosach wußte von keiner schlimmeren Nacht, und niemand ist älter als er.« »Oh doch, Dubhgoire, der schwarze Geier, ist älter. Er mag wohl die Antwort wissen.«

»Weit weg lebt Dubhgoire, hoch in den Bergen; doch ich werde nicht ruhen, bis ich ihn gefragt habe.« Der Adler flog und flog, bis er die schwarzen Geier auf ihren Felsen fand. Zwischen ihnen saß einer, dessen Federn weiß gebleicht waren, und Leithin verneigte sich vor ihm. »Oh Dubhgoire, wie kommt es, daß du trotz deines Namens schneeweiß bist?« »Uralt bin ich, älter als alle Vögel Irlands, alt war ich schon, als Brigit, die Heilige, nach Bethlehem reiste um den König aller Könige in ihren Armen zu wiegen in der Nacht seiner Geburt.« »So sage mir, hast du in deinem langen Leben je eine Nacht erlebt, in der ein schlimmeres Unwetter toste als gestern?« »Niemals, nicht einmal zur Zeit der Druiden gab es ein solches Unwetter, wie letzte Nacht.« »So muß ich zurückfliegen, habe Dank, großer Geier.«

Träge flog Leithin, schwer waren ihm die Flügel, doch Grauvogel gab ihm keine Ruhe. »Hast du die Antwort erhalten?« »Nein, auch Dubhgoire wußte von keiner schlimmeren Nacht und er lebte schon, als die alten Götter noch auf Irland wohnten. Niemand ist älter als Dubhgoire, der Geier.« »Oh doch, Goll, der blinde Lachs von Assaroe, ist älter. Er mag wohl deine Frage beantworten.« »Fluch über dich, gibst du mir keine Ruhe? Dennoch muß ich noch heute erfahren, ob dies das schlimmste Unwetter war, das je die Welt befiel.«

Lang war der Weg bis zum Assaroe, lang die Suche nach dem blinden Lachs. Endlich sah Leithin den Fisch unter dem Haselbusch, wo er sich an den Nüssen gütlich tat. »Gruß und

Ehre dir, Goll, du Weiser. Ich bin Leithin, der Adler. Ich suche Antwort auf eine Frage.« »Frage nur, ich weiß alles, was in der Luft, auf dem Lande und im Wasser geschah, frage nur, mein Sohn.« »Oh Goll, sage mir, hast du in deinem langen Leben je ein schlimmeres Unwetter erlebt als das gestrige?« »Weit zurück geht meine Erinnerung, ich sah den Heiligen Patrick kommen, vor ihm die Mileser aus Griechenland, vor ihnen die Tuathe de Dananns und die Fomors. Ich erinnere gutes Wetter und schlechtes Wetter. So als wäre es gestern erinnere ich mich an das schlimmste aller Unwetter, welches es je auf Erden gab, schlimmer als Vogel, Tier oder ein Mensch sich vorstellen kann; denn es goß in Strömen Tag und Nacht, und die Flut stieg, und es regnete weiter, bis alles Land unter Wasser lag und nur vier Menschen übrigblieben: Noah und seine Frau, Sem und Japhet, seine Söhne. Sie hatten sich eine Arche gebaut. Außer diesen vier hatte die Flut alles Leben zerstört. Weil aber Gott die Geschichte der Welt nicht mit der Flut untergehen lassen wollte, schuf er am Anfang der Welt den Lachs und gab ihm Weisheit mit den Kernen der Haselnuß. Ich aber, Goll der Weise, verlor ein Auge, das ein Raubvogel auspickte. Seitdem heiße ich auch Goll, der Blinde. Das war für *mich* die schlimmste Nacht. Für die Welt aber war die Sintflut das schlimmste aller Unwetter.« Leithin dankte dem Lachs und flog mit neuem Mut zurück zum Shannon. Die Klosterschüler vernahmen die Geschichte in der Sprache der Vögel. Waren sie auch erschöpft und hungrig und kalt, so war ihr Herz doch voll feurigem Eifer, dem heiligen Ciaran zu berichten, was sie gehört hatten. Seit diesem Tage gibt es keinen Iren, der sein Gespräch nicht mit dem Wetter beginnt und hat der Fremde Zeit genug, so wird er die Geschichte des schlimmsten Unwetters hören, Wort für Wort, wie Leithin sie erfahren hat.

(Aus dem Irischen übersetzt von Douglas Hyde, Irish Academic Press, 1979, und frei nacherzählt.)

Die Geschichte von dem großen Kessel

Es war einmal eine Bäuerin im Hochland, die hatte einen großen Kessel, der an einem Haken über dem Feuer hing. Jeden Tag kam eine Fee zu ihr und holte den Kessel. Nie aber sprach sie ein einziges Wort; sie kam und griff nach dem Kessel. Die Bäuerin aber rief jedesmal:

Ein Schmied hat ein Recht auf Kohlen,
um kaltes Eisen zu glühen.
Ein Kessel hat ein Recht auf Suppenfleisch,
heil und gefüllt heimzukehren.

Und jeden Tag kehrte die Fee mit dem Kessel voll Fleisch und Knochen zurück. An einem Tage aber mußte die Frau mit der Fähre nach Castletown fahren. Sie sagte zu ihrem Mann: »Nur wenn du versprichst, meinen Vers zu sagen, wenn die Fee den Kessel holt, kann ich fort.« »Ich verspreche es!« antwortete der Bauer.

Kaum war er allein, fing er mit seiner Arbeit an. Er drehte ein festes Tau aus Heidekraut, um damit das Strohdach festzubinden. Plötzlich sah er die Fee über den Boden schweben, und ihre Füße schimmerten seltsam, so daß er Angst kriegte und sich im Haus einschloß, obwohl er doch versprochen hatte, den Vers zu ihr zu sagen, wie seine Frau es immer tat. Die Fee fand die Tür verschlossen und kletterte auf das Dach, dorthin, wo das Loch für den Rauch war. Der Kessel begann hochzuspringen. Beim dritten Sprung hüpfte er oben durch das Rauchloch. Sie ergriff den Kessel und eilte damit fort.

Der Abend kam, aber der Kessel kam nicht zurück. Warum kam er nicht? Weil der Bauer nicht den Vers gesprochen hatte, den seine Frau immer sprach. Die Fähre kehrte zurück und mit ihr die Bäuerin, aber der Kessel war nirgends zu sehen. Sie fragte danach, und der Bauer erklärte, es kümmere ihn nicht, wo der Kessel sei. Die Fee hätte ihn in solche Angst versetzt, wie er es noch nie erlebt hätte. »Ich hatte Angst und habe die Tür vor ihr verschlossen. Sie ist auf das Dach geklettert, und der Kessel ist hochgesprungen. Beim dritten

Sprung flog er durch das Loch im Dach, und die Fee nahm ihn fort und kam nicht wieder damit zurück.«

»Du elender Feigling! Was hast du getan? Zwei Leute werden elend Hunger leiden, du und ich.«

»Ach, sie wird morgen zurückkommen.« »Nein, sie wird nicht von selber kommen.« In großer Eile machte die Frau sich auf den Weg zum Feenhügel. Niemand war dort, außer zwei alten Männlein. Die hatten graue Haare und schliefen fest im Sitzen, nach ihrem guten Essen. Die Fee aber war unterwegs in der Dämmerung. Auf leisen Füßen schlich die Frau hinein in den Hügel, ohne ein Wort, ja ohne einen Segen für das Kleine Volk zu sprechen. Sie sah den Kessel auf dem Boden stehen und ergriff ihn, um ihn mitzunehmen. Der Kessel war noch voll und wog schwer in ihrer Hand. Als sie damit forteilte, schlug der Kessel gegen den Türpfosten. Da schrie der Kessel laut auf, und die grauen Männlein erwachten. Wie sie die Frau erblickten, sprang der eine ihr nach und rief:

»Oh du taube Frau! Oh du stumme Frau!
Die du zu uns aus dem Lande der Toten kamst!
Du Mann auf unserem Feenhügel,
löse los den schwarzen Hund,
lasse los den wilden Hund!«

Aber die gute Frau rannte so schnell sie vermochte, und er war zu alt, ihr zu folgen. Die Frau hatte das Essen im Topf, und das war ihr Glück. Der Zwerg oben auf dem Feenhügel ließ die beiden Hunde los. Sie hörte die Bestien hinter sich und kriegte Angst. Rasch steckte sie ihre Hand in den Kessel und warf einen Teil des Fleisches den Hunden vor und die taten sich gütlich daran.

Sie aber lief schneller, als sie je im Leben gelaufen war; denn sie wußte nicht, wie lange die Bestien beim Fressen bleiben würden und ob sie ihr Haus erreichen würde, ehe die Hunde sie fingen.

Wieder hörte sie das Bellen und Schnauben. Wieder warf sie ihnen Fleisch hin, als sie schon ganz nahe waren. Fort lief sie mit eiligen Füßen in der Gewißheit, daß der Schrecken ihr auf den Fersen war. Bevor sie ihr Haus erreicht hatte, umringten die Hunde sie. Da drehte sie den Kessel um und schüttete den Rest der Speise auf den Boden. Dann aber flog sie halb rennend, halb springend, auf ihr eigenes Haus zu, wo ihre Haushunde bellten und jaulten, den Feenhunden drohend. Die aber kriegten Angst vor dem Jaulen der treuen Wachthunde. Sie liefen davon mit dem Schwanz zwischen den Beinen.

Nie wieder kam die Fee, den Kessel zu holen. Nie wieder machten die grauen Männlein der guten Bäuerin Kummer. Das ist das Ende der Geschichte.

Diese alte Legende »The Tale of the Cauldron« wurde von J. G. McKay aus dem Gälischen übersetzt und in Dundee 1927 von Malcolm C. Macleod gedruckt und den Kindern des Highland und Lowland gewidmet.

Der König und die Lampe

Vor langer, langer Zeit, als die Leute noch alle ihre Geräte aus Zinn fertigten, lebte einmal ein Zinnhändler, der eine große Kunstfertigkeit besaß. Er verdiente seinen Unterhalt damit, von Ort zu Ort zu ziehen und seine Ware zu verkaufen. Auf dem Rücken trug er sein Werkzeug und ein Zelt, das er dort aufschlug, wo er gute Geschäfte machen konnte. Die Leute hießen ihn herzlich willkommen.

Eines Tages kam er zu einem Dorf, wo er besonders gerne arbeitete, weil er hier sehr beliebt war und seine beste Ware für gutes Geld verkaufen konnte. Doch diesmal kaufte niemand etwas. Seine Kunden schienen bedrückt und unglücklich. Endlich erreichte er das Haus am Ende des Dorfes, wo eine weise Frau lebte, der er jedes Jahr eines seiner Meisterstücke verkauft hatte. Aber auch sie schüttelte dieses Mal den Kopf und sagte: »Packe deine Ware gar nicht aus, ich habe nicht Geld genug, auch nur einen Löffel zu kaufen. Genauso geht es allen meinen Nachbarn.« »Was ist denn los? Hier habe ich stets die besten Geschäfte gemacht.« »Unser König hat neue Steuern erlassen. Er nimmt dreiviertel von allem Korn und allen Früchten. Die Bauern können ihr Vieh nicht mehr füttern, der Müller hat nicht genug Korn, der Bäcker nicht genug Mehl. Alles Handwerk liegt danieder. Bald müssen wir auch auf Wanderschaft gehen so wie du, oder wir verhungern.« »Ja, warum sagt ihr denn nicht dem König Bescheid?« »Keiner hat die Kraft dazu, wir sind zu schwach vom Hunger.« Da wußte der Zinnhändler, was zu tun sei. Er lud seinen Packen auf und ging auf dem Weg entlang, der zum Schloß führte, bis er nahe genug war, um die Torwächter zu sehen. Er baute sein Zelt auf und zündete ein Feuer an, nahm die Werkzeuge heraus und begann, eine Lampe zu machen.

Noch nie hatte er eine so kunstvolle und komplizierte Lampe hergestellt. Sie hatte ein Muster, das die schönsten Schatten warf, wenn der Docht brannte. Die Torwächter sahen das Feuer, hörten den Mann bei der Arbeit und wollten ihn fortjagen. »Dieser Weg gehört dem König. Wie wagst du es, dein Zelt aufzubauen und dein Gewerbe zu treiben ohne Erlaubnis?«

»Das werde ich sagen, wenn der König selber vorbeikommt; denn ich arbeite für ihn«, erwiderte der Zinnhändler. Die Torwächter schauten ihn sehr erstaunt an. Er aber arbeitete ruhig weiter, lötete die vier fertigen Seiten der Lampe zusammen und begann, sie blank zu putzen, als die Kutsche mit dem König anrollte. »Heda, was treibt er sein Handwerk auf meinem Weg?« »Ich habe ein Kunstwerk für den Herrn und Herrscher dieses Landes gemacht; doch es ist eine Bedingung dabei.« Voller Neugierde stieg Seine Majestät aus der Kutsche und betrachtete die Lampe. Nie hatte er eine schönere Lampe gesehen. Er wollte sie sofort kaufen. Der alte Mann aber arbeitete weiter und rieb das Metall, bis es im Lichte des Feuers glänzte. »Ist die Lampe fertig?« »Ja, sie ist fertig für einen gerechten König.« »Wieviel kostet sie?« »Dem Gerechten kostet sie nichts, als daß er versprechen muß, keinen Ärger zu zeigen und zuzuhören, bis er das Geheimnis der Lampe enträtselt hat.« »Was ist das Geheimnis der Lampe?« »Sie offenbart alle Schwächen und Fehler der Untertanen.«

»Ha, das ist ein gutes Geheimnis. Ich werde die Bedingung erfüllen und keinen Ärger zeigen, bis ich alle Schwächen meiner Untertanen entdeckt habe. Hier sind vier Goldstücke; denn ein König, der gerecht ist, muß die Arbeit bezahlen. Du aber bleibst heute Nacht hier, bis ich die Lampe ausprobiert habe und wehe, wenn du mich beschwindelt hast.«

Stolz trug der König die herrliche Lampe in das Schloß und zeigte sie der Königin. Sie klatschte in die Hände, rief einen Diener, der sie mit Unschlitt füllen und anzünden mußte. Ah, das war ein wundervoller Anblick! Die Schatten tanzten an den Wänden und zeigten vier verschiedene Muster. Rundherum leuchtete das Gemach, wie nie zuvor. Der König befahl, den Tisch zu decken und die Lampe neben seinen Teller zu stellen. So geschah es. Kaum aber hatte sich das königliche Paar zum Essen niedergelassen, da lief ein Strom von heißem Talg über das Tischtuch auf die Kleider Seiner Majestät und tropfte auf den kostbaren Teppich.

»Holt mir den Kerl, der mir dieses Schandstück verkauft hat. Er soll es büßen!« rief er im Zorn; denn er fühlte das flüssige, heiße Wachs brennend auf der Haut. Sofort eilten die Diener zu dem Zelt zurück, wo der Zinnhändler in aller Ruhe auf sie wartete. Er ging widerstandslos mit. Inzwischen erinnerte sich der König an die Bedingung und zähmte seinen Zorn. Er wies auf den Schaden, den der brennend heiße Talg angerichtet hatte und sagte: »Da ist deine nutzlose Lampe, die nur zehn Minuten gebrannt hat, als der Talg auslief und den Tisch, den Teppich und meine Kleider ruiniert hat. Das soll die beste Lampe sein für einen gerechten König?« »Ja, es ist die beste Lampe, die ich je gemacht habe, aber es ist nicht meine Schuld, wenn sie undicht ist. Das Zinn habe ich hier in diesem Reich gekauft. Wenn das Metall schlecht ist, kann auch der größte Kunstschmied keine gute Lampe anfertigen. Frage den Mann, der mir das Zinn verkaufte.« Da schickte man nach dem Händler, und in Windeseile wurde der Händler gebracht, dem die Knie schlotterten.

»Hast du diesem Schmied das Zinn verkauft?« »Ja, heute kam er zu mir und kaufte eine Platte Zinn.« »Diese Lampe ist aus dem Zinn gefertigt. Das Metall ist schadhaft. Du bist schuld, daß mein Tisch, mein Teppich und meine Kleider ruiniert sind.« »Herr, wenn diese Platte Zinn fehlerhaft war, dann ist es die Schuld dessen, der die Schmelzerei besitzt, von der ich das Rohmaterial kaufe.«

Da schickte man nach dem Besitzer des Schmelzofens. In Windeseile brachten die Soldaten den Mann, dem auch die Knie schlotterten.

»Hast du diesem Händler das Zinn verkauft aus dem die Platte gemacht ist, die dieser Kunstschmied verarbeitet hat?« »Ja, Herr, ich besitze den einzigen Schmelzofen in dem Ort und verkaufe Zinn an den Händler.«

»Dann bist du schuld daran, daß die Lampe schadhaft ist und den Tisch, den Teppich und meine Kleider ruiniert hat.« »Nein, Majestät, es ist die Schuld dessen, der den Blasebalg gemacht hat, mit dem ich das Feuer anblase. Ist der Blasebalg schlecht, brennt das Feuer zu schwach und das Zinn ist verdorben.«

Da goloppierten die Soldaten ins Dorf. In Windeseile brachten sie den Mann, der den Blasebalg gemacht hatte.

»Hast du diesem Besitzer des Schmelzofens einen Blasebalg verkauft?«

»Ja, Herr, das habe ich getan. Ich bin der einzige hier am Ort, der einen Blasebalg fertigen kann.«

»Dann bist du schuld, daß das Feuer schlecht brannte, als das Zinn geschmiedet wurde aus dem die Platte besteht, den dieser Kunstschmied für die Lampe gebraucht hat. Sie ist schadhaft.«

»Mein Herr und König, vergib mir, aber es ist nicht meine Schuld, daß der Blasebalg fehlerhaft ist. Ehe ich einen Blasebalg machen kann, muß ich Leder von der Gerberei kaufen. Wenn das Leder nichts taugt, wird der Blasebalg schlecht.«

Da ritten die Soldaten ins Dorf und brachten den Gerber vor den König. »Hast du diesem Mann das Leder für den Blasebalg verkauft, der das Feuer in der Schmiede schürt?«

»Ja, Herr, ich lieferte ihm das gegerbte Leder für seine Arbeit.« »Dann bist du schuld daran, daß der Blasebalg schlecht war, der das Feuer schürte, als der Schmied das Zinn für diese Lampe gemacht hat.« »Nein, Herr, ich bin nicht schuld. Der Bauer, der mir die Felle zum Gerben bringt, der ist schuld. Wenn die Kühe nichts taugen, sind die Felle schlecht und ein Gerber kann aus schlechten Fellen kein gutes Leder machen.«

Wieder sausten die Soldaten auf ihren schnellen Pferden ins Dorf. Sie brachten den Bauern in Windeseile vor den König. »Hast du dem Gerber das Fell deiner Kuh verkauft, aus dem er das Leder macht, mit dem die Blasebälge gemacht werden, die das Feuer schüren, um das Zinn zu fertigen, aus dem diese fehlerhafte Lampe hier gemacht worden ist?« »Ja, Eure Majestät. Ich verkaufe das Fell meiner Kühe an den Gerber. Er macht daraus das Leder für den Blasebalg, den der Zinnschmied angewendet, um eine Platte Zinn zu machen. Aber wenn das Fell schlecht ist, so ist es doch nicht meine Schuld.« »Wessen Schuld ist es denn, Bauer?« »Es ist Eure Schuld, Herr.«

Da schwollen dem König die Zornesadern. Er erinnerte sich aber an sein Versprechen und fragte: »Wieso ist es meine Schuld?«

»Auf meinem Acker wächst Korn, und dreiviertel davon muß ich in Steuern an Euch zahlen. Von dem Rest kann ich meine Familie und die Kuh kaum am Leben erhalten. Wir hungern, die Kuh hungert und ihr Fell ist so schlecht, daß der Gerber kein gutes Leder machen kann. Der Blasebalg ist schadhaft, so daß das Feuer nicht brennen kann, um das Zinn zu schmelzen und daraus Geräte zu machen, die etwas taugen.«

Es wurde ganz still. Dann wendete sich der König dem Kunstschmied zu und sagte: »Wahrlich, diese Lampe hat die Schwächen und Fehler meiner Untertanen offenbart, aber auch meine eigenen. Was soll ich tun, um eine gute Lampe zu bekommen?«

»Schaut in die Gesichter dieser Eurer Untertanen und Ihr werdet dort die Antwort finden. Die Untertanten hungern und der Hunger verdirbt jede Arbeit. Die Pferde Deiner Soldaten fressen mehr Hafer, als irgendeiner von diesen treuen Handwerkern für sich selber hat.«

Da rief der König seinen Koch und seinen Mundschenk, befahl ein reichliches Mahl zuzubreiten und lud die Männer ein, mit ihm zu speisen.

Da setzten sie sich alle nieder, der Bauer, der Gerber, der Hersteller des Blasebalgs, der Schmied, der Zinngießer und der alte, kunstfertige Zinnhändler. Der Mundschenk füllte die Gläser, und sie tranken roten Wein.

»Euch verdanke ich es, meine Aufgabe als König in einem neuen Licht zu sehen. Diese Lampe ist zwar schadhaft, aber sie hat alle meine früheren Taten so erleuchtet, daß ich sie mit neuen Augen anschaue. Ich verspreche, dem Bauern genug Korn zu lassen, daß seine Kühe ein gutes Fell kriegen, der Gerber gutes Leder gerbt, die Blasebälge heißes Feuer anblasen, die Schmelzer gutes Metall machen, der Zinngießer fehlerlose Zinnplatten gießt und mein Freund, der Kunstschmied, mir eine neue Lampe machen kann. Auf Euer Wohl!«

Und sie tranken den guten Wein, aßen ein vortreffliches Mahl und jeder der Gäste durfte aus den Vorräten etwas für Frau und Kind mitnehmen. Unser alter Zinnhändler aber brachte der weisen Frau am Ende des Dorfes einen Korb, den der Koch besonders liebevoll gepackt hatte. So dankte er ihr, daß sie ihm den Grund der Armut verraten hatte.

Ob diese Geschichte nur in Irland geschehen kann? Da müßt ihr Leser den alten Kesselflicker Duncan Williamson fragen, dem sein Vater diese Geschichte erzählte, als die irischen Kesselflicker noch durch Schottland zogen. Von ihm habe ich sie erfahren.

Der Pechvogel

Vor langer, langer Zeit lebte ein Mann in einem Dorf inmitten der grasgrünen Wiesen Irlands. Um ihn herum wohnten heitere und zufriedene Menschen, denen jeder Tag neue Freuden und Überraschungen brachte. Nur ihm allein schien alles fehlzuschlagen. So nannte man ihn allgemein den Pechvogel, und das behagte ihm nicht. Schließlich suchte er Rat bei einer weisen Frau. Sie meinte, er solle zum Alten am Ende der Welt wandern, denn er wisse eine Antwort auf jede Frage.

So wanderte er los, einen Tag, eine Woche, ein Jahr, bis er zu einem Wolf kam, der elend aussah. »Wo gehst du hin?« fragte der Wolf.

»Zum Alten am Ende der Welt, er weiß Antwort auf jede Frage.« »Bitte frage ihn, warum ich ewig hungrig bin«, bat ihn der Wolf. Der Mann versprach es. Er wanderte weiter, einen Tag, eine Woche, ein Jahr. Da kam er zu einem Baum, der halb vertrocknet aussah. »Wo gehst du hin?« fragte der Baum. »Zum Alten am Ende der Welt, er weiß Antwort auf jede Frage.« »Bitte frage ihn, warum ich hier vertrocknen muß, wenn andere Bäume wachsen.« Der Mann versprach es. Er wanderte weiter, einen Tag, eine Woche, ein Jahr. Da kam er zu einem schönen Haus, in dem wohnte eine freundliche Frau. »Wohin gehst du?« fragte die Frau. »Zum Alten am Ende der Welt, er weiß Antwort auf jede Frage.« »Oh bitte, frage ihn doch, warum ich so einsam bin.« Der Mann versprach es. Ehe sie ihn ziehen ließ, kochte sie ihm ein leckeres Essen, gab ihm ein warmes, weiches Bett und schickte ihn mit einem guten Frühstück auf den Weg.

Er wanderte weiter, einen Tag, eine Woche, einen Monat. Dann war er beim Alten am Ende der Welt. Nun durfte er alle Fragen stellen und bekam auf jede eine Antwort. Eifrig machte der Pechvogel sich auf den Heimweg, sein Schritt war beflügelt. Bald erreichte er das hübsche Haus der freundlichen Frau. »Was hat der Alte gesagt?« fragte sie sofort. »Oh, er hat gesagt: wenn ein Mann zu deinem Haus kommt, sollst du ihn heiraten, und du bist nie mehr einsam.«

»Du bist ein Mann, du bist zu meinem Haus gekommen. Willst du mich bitte heiraten?« »Das kann ich nicht, denn mir hat er gesagt, ich würde mein Glück auf dem Wege finden, ich muß weiter.« Wieder kochte sie ein gutes Essen, gab ihm ein weiches Bett und ließ ihn traurig weiterziehen. Der Pechvogel sputete sich und erreichte endlich den Baum, der inzwischen alle Blätter verloren hatte und mit Mühe flüsterte: »Was hat der Alte gesagt?« »Ah, hat er gesagt, unter den Wurzeln des Baumes liegt eine große, eiserne Truhe voller goldener Taler und wenn jemand sie ausgräbt, dann können die Wurzeln wieder trinken und du wirst frisch und gesund.« »Hier liegt ein Spaten, bitte grabe die Truhe aus, damit ich wieder trinken kann.« »Das kann ich nicht, denn mir hat er gesagt, ich würde mein Glück auf dem Wege finden, ich muß weiter.«

Noch hastiger eilte der Pechvogel zurück und es schien ihm nur eine kurze Weile, bis er den Wolf traf. »Was hat der Alte am Ende der Welt zu dir gesagt?« fragte der Wolf, der inzwischen noch elender aussah. »Er hat gesagt: das Essen steht doch vor dir!«

Da fraß der Wolf den Pechvogel auf und leckte sich befriedigt das Maul.

Das Abendmahl der Vögel

Es war ein langer, kalter Winter, und ihm folgte ein nasser, verspäteter Frühling, der die kleine christliche Bruderschaft an der Westküste Irlands mit Hungersnot bedrohte. Die Mönche in ihren steinernen Zellen froren, immer schwächer klang das Stundengebet, das Tag und Nacht in der winzigen Kapelle gesungen wurde, und die groben Kutten schlotterten um die Leiber der ausgemergelten Brüder. Außerhalb der runden Mauer, die zum Schutz gegen Seeräuber und Heiden gebaut war, lebten die Laienbrüder mit ihren Frauen und Kindern in enger Gemeinschaft mit den Mönchen. Jeden Morgen schickten sie Boten zum »horreum«, dem Kornspeicher, um ihre tägliche Ration Gerste und Hafer zu empfangen. Die Verwaltung des Kornes war eines der wichtigsten Ämter innerhalb des Klosters; das horreum wurde Tag und Nacht bewacht. Man pflegte weißen Sand der heiligen Insel Iona in Säcken heranzurudern und um den Speicher herum aufzuschütten, um den Ratten und Mäusen den Zugang zu verwehren – eine Sitte, die sich bis in unsere Zeit hinein erhalten hat.

Es war die Nacht vor Beltaine, dem Frühjahrsfest, an dem in druidischer Vorzeit der Same des neuen Feuers mit Stafetten zu jedem Dorfe Irlands getragen wurde, nachdem der Priesterkönig es in Tara angezündet hatte. – Der Hüter des Kornspeichers hatte eine schlaflose Nacht verbracht. Am Tage zuvor hatte er seinen Entschluß gefaßt, von jetzt an den Vögeln kein Korn mehr zu streuen, denn die Zuteilung an die Mönche und Laien war gefährlich klein geworden, und er befürchtete ein allgemeines Sterben. Gegen Morgen mußte er eingeschlummert sein, denn er wachte mit Schrecken in den Gliedern auf: Ein Mensch stand inmitten des Speichers und beugte sich zu dem aufgeschütteten Korn hinab, füllte beide Hände mit Gerste und ging langsam zur Tür. Bebend erhob sich der Hüter und folgte der Gestalt. Er wußte mit jeder Faser seines Wesens, daß dies kein Dieb, kein Fremder war. Draußen schwirrten Tausende von großen und kleinen Vögeln, aber sie schrien nicht, nur ihr Flügelschlag erfüllte die Luft mit Brausen. Die Gestalt in langer Kutte war zu einem flachen Stein getreten und begann die Messe zu lesen und das heilige Abendmahl vorzubereiten. Als es zur Verteilung des Leibes unseres Herrn und Heilands kam, flogen die Vögel heran und nahmen das gesegnete Brot. Der Hüter fiel auf den Boden und rief: »Herr, vergib mir meine Schuld.« Da wandte sich der Heiland zu ihm und sagte: »Wenn du diese stummen Brüder meiner Kreatur nicht mehr fütterst, so werden sie alle, alle sterben. Ich gab ihnen das letzte Abendmahl vor ihrem Tode. Wo ist dein Glaube?«

Als die Boten wie jeden Tag zum Speicher kamen, bemerkten sie ein seltsames Leuchten um das horreum, doch der Hüter sprach kein einziges Wort. Stumm teilte er jedem seinen Hafer zum Morgenbrei, seine Gerste zum Brot aus, und mit angehaltenem Atem sahen sie, wie er in weitem Bogen die letzte Handvoll den Vögeln auf die Tenne hinwarf.

Von diesem Tage an verringerte sich das Getreide nicht. Die neue Saat konnte gesät werden, Dorf und Klostergemeinde überlebten, und wer auf seiner Wanderung das kleine Gemeinwesen an der Westküste Irlands aufsuchte, pflegte zu bemerken: »Wie kommt es nur, daß hier die Vögel süßer singen als sonst im Lande?«